그래서 당진 그래도 당진

오성환 지음

오늘의문학사

국립중앙도서관 출판시도서목록(CIP)

그래서 당진, 그래도 당진 / 지은이:오성환.
-- 대전 : 오늘의문학사, 2018
p. ; cm
ISBN 978-89-5669-901-1 03810 : ₩10000
수필[隨筆]
818-KDC6
895.785-DDC23 CIP2018007489

그래서 당진 그래도 당진

| 추천사 | 자유한국당 당진시당원협의회 위원장
전 국회의원 **김동완**

출판이란 마음의 거울입니다. 패션과 화장이 인간의 외면을 가꾸는 일이라면 출판은 인간의 내면을 가꾸는 일입니다. 인간은 출판을 통하여 소통하고 자기의 경험과 지식을 전하기도 합니다. 특히 정치인이 출판하는 일은 유권자들이 후보자의 면면을 살펴 볼 수 있는 기회라서 세간의 관심을 끌기 마련입니다. 때로는 물의를 빚기도 하지만 많은 사람들의 궁금증을 해결해 주기도 합니다.

6.13 지방선거를 앞두고 출판기념회가 전국 각지에서 열리고 있습니다. 특히 북한의 핵개발과 미사일 개발이 촉발한 국제정세는 급변하고 있고 한국정치의 중심에서는 '자유민주주의이냐 사회민주주의이냐' 라는 사상과 체제논쟁이 불거지고 있으며 사회적으로는 초고령사회와 저출산의 늪으로 빠져들면서 경제도 활력을 잃어 가고 있습니다. 25여 년 전 일본이 겪었던 장기불황이 우리 사회에 엄습하는 것은 아닌지 국민들은 불안해하고 있습니다.

당진 또한 경기가 침체하면서 시민들은 유능한 지도자를 갈구하고 있습니다.

저자 오성환은 정치인입니다. 그는 30여 년의 공직생활 동안 당진발전의 핵이었습니다. 어느 군수가 잘 했다고 칭찬받는 이면에는 항상 저자 오성환이 있었습니다. 그는 계장에서 국장의 직위에 이르기까지 그가 갖고 있는 통찰력과 추진력을 바탕으로 시정을 돋보이게 했습니다. 그 누구도 따라가기 어렵고 탁월했기에 당진시장 후보로서 부족함이 없는 인물입니다. 통찰력이란 우리 신체가 접하는 오각에 의한 판단이 아니라 두뇌의 논리와 연산능력에 의한 판단으로 지도자에게 꼭 필요한 덕목입니다.

제가 청와대에 근무할 때나 내무부, 충남도청에 근무할 때를 뒤돌아 봐도 저자 오성환은 강한 집념을 갖고 있는 능력 있는 공무원이었습니다. 그래서 오성환을 잘 이해하는 것은 당진발전의 새로운 출발점이라 할 수 있습니다.

제2차 세계대전 때, 영국국민을 결집시키고 히틀러와의 전쟁을 승리로 이끌 능력을 가진 사람은 처칠이라 생각하여 영국국민들은 그를 총리로 뽑아 지도자로 세웠습니다. 당진시민들은 침체해 가고 있는 당진경제를 다시 되살릴 수 있는 행정경험과 추진력이 있는 당진시장후보를 찾고 있습니다.

저는 이번에 출간되는 이 책이 저자 오성환의 행정경험과 추진력, 그리고 통찰력을 당진시민들이 두루 살펴볼 수 있는 기회를 제공하리라 믿습니다. 그래서 적극적으로 추천하고 일독을 권합니다.

자유한국당 당진시당원협의회 위원장, 전 국회의원 김 동 완

저희 회사 희성피엠텍은 당초 안산 반월공단에 있었습니다. 주력 생산업종은 자동차 부품으로 희성그룹에 속한 회사입니다. 희성피엠텍이 당진으로 이전한 가장 큰 이유는 당시 당진군청 오성환 지역경제과장의 역할이었습니다. 안산 공장의 이전을 계획했을 때 경기도 파주시와 평택시, 상해 푸둥, 당진군이 희성피엠텍 유치를 위해 치열한 경합을 벌였습니다.

경기도가 산업단지를 조성한 파주는 새로운 산업단지에 희성피엠텍을 유치하기 위해 경기도청 투자유치 담당관실을 주축으로 적극적으로 유치활동을 전개했습니다. 상해 푸등도 50년간 무료 임차 등의 파격적인 조건을 앞세워 적극적인 유치활동을 벌였습니다. 저희 기업과 합작사인 바스프사는 공장 이전지를 상해 푸등으로 하기 위해 거센 압력을 행사하기도 했습니다.

평택시청도 저희 기업을 유치하려고 공무원들이 적극적으로 활동을 펼쳐 한때 평택으로 이전하는 쪽으로 방향이 기운 적도 있었습니다. 그러나 당진군청 오성환 과장이 가장 적극적으로 유치활동을 벌여 우리 회사가 당진으로 입주하게 되었습니다. 오성환 과장같이 행동으로 투자유치, 기업유치를 적극적으로 실천할 때 기업인들은 행정을 믿고 투자하게 됩니다.

희성피엠텍은 규모는 작지만 약 1조 원의 매출을 올리는 우량한 기업입니다. 앞으로 희성그룹에서 추가로 투자한다면 당진에 투자하기로 오성환 과장과 약속을 했습니다. 향후 희성그룹에서 투자할 계획이 있으면 당진에 투자할 것을 약속드리며 당진의 무궁한 발전을 기원합니다.

희성피엠텍 대표이사 이 하 동

| 추천사 | 동일교회 담임목사 **이수훈**

사람이 평생 외길을 걷는다는 것은 그의 삶 전체를 헌납한 것을 의미합니다. 특히 공직에서 30여 년 이상을 봉직한 것은 국가에 대한 충성심이 남다르지 않으면 쉽지 않은 일입니다. 당진시청 경제부서에서 인생 전반부의 모든 삶을 바쳐 일하면서 당진시의 발전을 견인하여 온 오성환 님의 헌신은 존경받아 마땅하리라 봅니다.

키 크고 멋진 중년부부를 교회에서 처음 만나던 날을 기억합니다. 반갑게 악수를 하고 만났던 그 때가 엊그제처럼 그려집니다.

"반갑습니다."

"지금 아무것도 모르니 당황스럽습니다."

그렇게 만났습니다. 오성환 님의 과거와 현재와 미래와 함께 한 사람의 일생이 한꺼번에 훅 들어오던 날…….

벌써 5년이란 세월이 흘렀습니다. 낯선 신앙의 길임에도 빠짐없이 예배에 출석하면서 믿음을 세워 가는 성실함을 보면서 감사했습니다. 오성환 님의 열정을 믿습니다. 공직자 길을 걸으며 쌓은 노련한 행정력과 풍부한 경험, 해박한 지력, 도전정신은 우리

당진 지역사회를 위하여 큰 자산으로 유익하게 이용되리라 확신합니다. 오성환 님을 만나 겪어보면서 그가 30여 년의 공직을 통하여 얻은 소중한 경험들을 그대로 묻어버리기에는 아깝다는 생각을 하게 되었습니다.

오성환 님은 당진시민을 위하여 많은 일을 추진해 낼 수 있는 일꾼이라 생각합니다. 석문국가산단과 송산산업단지를 비롯한 넓은 산업단지가 오성환 (전) 경제산업국장님의 실무를 통하여 만들어졌고, 그의 손에 의하여 많은 기업들이 당진에 뿌리를 내리고 당진과 함께하고 있음을 알고 있습니다. 그 경륜과 열정을 지역사회를 위해 좋은 기회가 주어지고 함께 성취해 갈 수 있기를 기대합니다.

동일교회 담임목사 이 수 훈

지난 지방 선거 때 시장에 출마한 것이 엊그제 같은데 벌써 4년이 흘러갔으니 세월이 유수와 같다는 것을 새삼 느끼게 됩니다. 선거가 끝난 뒤에 산업용 가스 사업에 투신해 기업인의 신분으로 살면서 많은 것을 배우고 있습니다. 30년 넘게 한 공직생활에서보다 퇴직 후 3년 동안이 사회에 대하여 더 많은 것을 배운 것 같습니다. 만약에 4년 전 선거에서 시장에 당선되었다면 사업에 투신할 기회를 갖지 못했을 것입니다. 시장 선거에서 탈락한 뒤로 세상을 배우게 되었으니 개인적으로는 어찌 보면 전화위복이 아니었나 생각해 봅니다.

처음에 사업을 하면서 영업이 마음대로 되지 않아 어려움을 겪었던 일, 자금이 없어 애를 먹었던 일, 초창기 회사라 직원들이 자주 그만두어 애를 먹었던 일 등이 어찌 생각하면 나를 강하게 만들어 주었습니다. 사람은 어려움을 겪어야 성장한다는 말을 실감한 4년이었습니다. 4년 동안 많은 것을 배웠고 공직에서 생각하지도 못했던 일들을 해보았습니다.

예전에 공무원을 퇴직한 선배님들이 "공무원이 퇴직하고 공무원 때를 벗으려면 10년이 걸린다."고 하는 이야기를 들은 적이 있었습니다. 저도 공무원 퇴직하고 30년 이상 몸에 배었던 공무원 티를 벗으려고 무척이나 노력을 했고 지금도 노력 중입니다. 공무원 신분을 벗고 사업을 하면서 느꼈던 생각과 또 사회생활을 하면서 느꼈던 점, 그리고 지역의 문제점 등에 대한 평소의 생각을 그때그때 개인 블로그에 담았습니다.

30년 이상 공직에 몸담았다가 사회인으로 돌아오니 느끼는 점이 너무나 많습니다. 행정 내부에서 행정을 바라보다가 이제는 외부인 입장에서 행정을 바라보는 새로운 시각이 생겼습니다. 주민들과 접촉을 하면서 행정의 공과(功過)에 대하여 많은 평가를 듣고 있습니다. 그리고 사회생활을 하면서 사회인으로서의 살아가는 방법, 대인관계 등에 대하여 많은 것을 느꼈고 여전히 느끼고 있습니다.

그러한 느낌을 책으로 엮어 봤습니다. 이 책에 대하여 어떤 평가가 있을지 걱정이 앞섭니다. 이 책은 누구에게 보이려는 의도보다는 스스로 반성하고 느낀 점을 솔직히 정리해보는 차원으로 집필하였습니다. 책이 발간되기까지 도와주신 많은 분들에게 진심어린 감사를 드립니다. 모든 당진시민에게 머리 숙여 감사를 표하고자 합니다. 출판을 도와주신 출판사 대표님에게도 감사의 마음을 전합니다.

2018년 초봄

영원한 당진사람 오 성 환

제1부 정치

제2부 경제

제3부 사회

제4부 문화

제5부 지역

제1부 정치

선거에 대한 단상(1)

2013년 12월초에 공직생활 30년을 뒤로하고 당진시장에 출마하여 앞만 보고 달려왔지만 결국 꿈은 무산되고 희망을 접어야 하는 결과가 나왔다. 비록 정년이 4년 남았지만 당진의 발전을 위해서 더욱 열심히 뛰어 보자고 시장선거에 출마를 했다. 당진은 항만이 있고 물류의 여건이 좋을 뿐만 아니라 수도권과 가까워 전국에서 지리적 여건이 가장 좋은 곳 중의 하나이다. 이렇게 좋은 지리적 여건을 갖추고 있는데 경제가 침체되어 가고 있어서 안타까운 심정이었고, 경제를 다시 살리고자 시장 선거에 출마하게 되었다. 이렇게 시장에 출마하여 약 4개월 20여 일간 선거 운동을 하면서 느낀 심정을 몇 자 적어 보고자 한다.

처음 선거에 나왔을 때 저를 아껴주는 분들이 하는 말이 절대 사람을 믿지 말고 별의별 소문이 나더라도 신경 쓰지 말고 앞만 보고 가라는 말을 들었다. 또한 나는 정치인이 아니고 공무원 출신이기 때문에 있는 그대로의 모습을 보여주고, 그대로 시민들로부터 평가를 받자고 결심해 앞만 보고 뛰었다. 누가 뭐라 해도 앞만 보고 뛰었는데 지나고 보니까 너무 순진한 생각이었구나 하는 느낌이 들었다. 선거를 하면서 수 없는 안티 전략과 음해로 공격을 당했다. 30여 건의 말도 안 되는 음해성 공격을 받았지만 순진하게 무대응 전략으로 간 것이 착각이었다.

처음 시장에 출마하면서 공직자 출신이기 때문에 깨끗한 선거를 보여주자고 주장했었다. 그래서 다른 시장 후보자에 대하여 한 건도 공격을 한 적이 없었다. 그러나 공격하는 쪽은 선거 전략이고 가벼웠을지 모르지만, 당하는 쪽의 심정은 어떠하였을 것인지는 생각해주어야 한다. 선거판이 아무리 막장이라고는 하지만, 인간으로서의 양심은 있어야 한다고 본다.

〈2014. 05. 12.〉

선거에 대한 단상(2)

나에 대한 유언비어와 음해에 대하여 두서없이 설명하고자 한다. 먼저 시장 출마를 결심하고 현직 시장실을 방문하여 시장께 죄송하다는 말을 반복하였을 뿐이었다. 시장도 내게 당진시를 위해서 열심히 일할 사람이 그만둔다니 아깝다는 말을 하였다. 서로 간에 다툼은 없었다는 점을 밝혀 둔다. 그리고 비리에 얼룩진 공무원, 민 모 군수 연루설, 재래시장 수 억 원 수수설, 상품권 등이 있는데 설명을 드리고자 한다.

나는 30년 공직 생활을 하면서 누구보다 청렴했고 깨끗하게 생활을 하였다고 자부심을 느끼고 살았다. 2012년 국무총리실 감사반에 상품권이 적발되면서 이를 두고 말 많은 사람들이 나에 대한 도덕성을 문제 삼고 폄하를 하게 된 동기가 되었다.

상품권은 2012년 3월초에 사업을 하는 친구가 직원들에게 전달해 달라고 부탁을 받고 10장을 받아 직원들에게 나누어 주다가 하도 업무가 바빠서 책상에 남은 것을 잊었는데 그것이 적발이 되었던 건이다. 직원들에게 나누어 주려했다면 직원들이 징계를 받기 때문에 내가 혼자 사용하려 했다고 주장해 나만 징계를 받은 사건이었다.

이 징계 건은 2012년도 사건으로 이미 다 끝난 것이었고 당시 경징계로 마무리 되었다. 끝난 일인데 선거철이 되니 침소봉대하여 책상에서 티켓이 가득 나왔다느니 200여 장을 받았다느니 하는 식으로 소문이 확대되었다.

그리고 당진 재래시장 재정비를 하면서 수억 원을 수수했다고 했는데, 내가 업무를 보면서 당진 재래시장은 재정비를 한 사실이 없는데도 수억 원을 챙겼다는 것은 어디에 근거를 둔 것인지 알 수가 없다. 아마 당진 시내 표를 의식해서 나온 이야기인 것 같다.

그리고 민 모 전 군수와 연루설, 100억 원 수수설이 나돌았는데 아무리 시간이 흘렀어도 그런 이야기를 만드는 사람들은 무슨 사고를 가지고 있는지 궁금하다. 시청에 있을 때 내가 한 행동에 대하여 같이 근무한 직원들이 다 안다. 시청에 재직하면서 상급자가 부당한 지시를 하면 바로 직언을 한 사람이 나였다. 그리고 100억 원을 받았으면 그 당시 바로 구속되었을 것이고, 어떻게 시장에 출마 했겠는가. 지면 관계상 세세히 밝히지 못하는 점 아쉽게 생각한다.

나는 다른 후보들보다 매우 늦게 출마하였기 때문에 새벽부터 밤 12시까지 뛰어다니는 상황에서 한가하게 남의 뒤나 캘 시간이 없었고, 다른일에 신경 쓸 겨를도 없이 오성환을 알리느라고 바쁘게 다녔다.

20여 가지가 넘게 각 진영 후보들에게 공격을 당하였지만 나는 한 번도 상대후보를 공격하거나 유언비어, 음해를 해본 적이 없다. 오로지 정도만을 걸었다. 나는 정치인이 아니고 공무원 출신이기 때문에 정치도 변화가 있어야 하고 나만이라도 정도를 걸어보자고 했는데 너무 유치원생 같은 생각을 하지 않았나 생각이 든다.

목사님께서 로마서 12장을 설교하셨던 내용이 기억난다. '너희를 박해하는 자를 축복하라. 축복하고 저주하지 말라.' '아무에게도 악을 악으로 갚지 말고 모든 사람 앞에서 선한 일을 도모하라.'

〈2014. 05. 12.〉

선거에 대한 단상(3)

경선은 끝나고 사회인으로 돌아왔다. 4개월 동안 선거에 몰입하면서 많은 경험을 해보았다. 비록 짧은 기간이었지만 온 몸을 던져 해 보았기 때문에 후회는 없다. 선거에 출마하면서 한 이야기가 생각난다. 열심히 해서 선택이 되면 혼혈을 다해 당진의 발전을 위해서 일하고, 선택이 안 되면 사나이답게 승복하고 마는 것 아니냐고 여러 차례 이야기를 하였다. 그래서 경선이 끝난 바로 뒷날 플래카드를 내렸고 사무실을 비웠다. 그리고 깔끔하게 승복했고 그런 마음을 가지고 있다. 시민들에게 마지막 메시지를 보내면서 시장이 되는 분께서 당진을 살기 좋은 도시로 만들어 달라고 부탁하면서 끝을 맺었다. 당진이 화합의 도시로 한 단계 발전했으면 하는 바람이다.

신평면장을 하면서 면민들의 화합을 가장 중요시하고 실천을 해보았는데 그것이 제일 어려웠다. 왜냐하면 군의원 선거, 조합장 선거, 신협 이사장 선거, 새마을 금고 이사장 선거 등 선거에 따른 후유증 때문에 서로 대립이 되어 화합하기 어려운 것이 현실이었다. 우리나라는 아직 지방자치가 시작된 지 일천하기 때문에 선진국과는 차이가 있다고 본다. 그 이유 중에 하나가 우리는 혈연, 학연, 지연 등에 얽매이고 아직 그 틀을 벗어나지 못하고 있으니 이런 현상이 두드러지게 나오지만 이를 극복해야 할 시점에 오지 않았나 생각이 든다. 선거전에 다니면서 시민들과 이야기하는데 많은 분들이 "시장에 나오는 사람들 다 한 번씩 하면 좋은데 어쩌지?"라고 하는 이야기를 많이 들었다. 그러나 시장 자리는 한 자리 밖에 없으니 나머지는 당연히 떨어져야 하는 것이 현실이다.

시장이 되는 분께 당진의 발전과 화합의 도시로 가도록 서로 힘을 보태어 주어야 한다고 본다. 나 역시 비록 경쟁자였지만 앞으로 당선되는 시장에게 당연히 화합이 될 수 있도록 협조해 줄 것임을 약속한다. 그리고 비록 4개월의 짧은 시간이었지만 나를 응원해주시고 따뜻하게 대해주신 모든 분들께 진심으로 감사의 말씀을 전하고 싶다. 많은 분들이 나를 환대해줄 줄은 몰랐으며 또한 자원 봉사를 해주면서 저를 위해 뛰어주신 분들이 그렇게 많을 줄은 미처 생각하지 못했다. 기대에 부응하지 못해서 죄송하고 미안한 마음을 전한다.

그러나 내가 행복한 마음을 가질 수 있는 계기가 되었다. 감사할 따름이다. 앞으로 더욱 열심히 살아야 그분들에게 보답을 하는 길이라고 생각하면서 열심히 살겠다고 다짐한다.

〈2014. 05. 14.〉

십상시(十常侍)에 대하여

요즈음 매스컴에서 청와대의 '십상시' 논란이 계속 이어지고 있다. 청와대 공식 문서에 십상시란 말이 나오고, 음행정관이 십상시를 얼마나 아느냐고 말했다는 이야기를 듣고, 들어보지도 못한 십상시에 대하여 하도 궁금하기에 찾아보니까 중국의 환관에 대한 이야기였다. 중국 후한 말 영제 때 조정을 장악했던 10여 명의 환관을 지칭하는 이야기라고 한다. 십상시들이 넓은 영토를 소유하고 정권을 잡고 조정을 좌지우지하면서 권력을 휘둘렀다는 것이다. 영제는 아들이 둘 있었는데 하왕후의 아들을 후계자로 지명하고자 했는데 십상시가 이를 알아차리고 하왕후 오빠 대장군 하진을 죽이고 황제를 인질로 잡았으나 하진을 호위하던 원소와 조조 세력에 의해 결국 제거되었다.

이 사건을 십상시의 난이라고 하는데 십상시의 득세로 후한말 극심한 민심의 이반을 낳았고 동탁 다음에 조조에게 권력이 넘어가고 후한은 망한다는 이야기이다. 또한 삼국지의 유비, 관우, 장비의 도원결의(桃園結義)가 십상시의 방자한 권력행사에서 시작된 것이라고 하니까 삼국지의 태동이 십상시 때문에 된 것이 아닌가 한다. 중국의 환관들은 조정을 좌지우지할 정도로 권력을 행사했다고 하는데 우리 조선시대에서는 그렇지는 않았다고 한다. 그러나 왕의 바로 옆에서 임금을 보좌하는 지위에 있었기 때문에 권력을 행사하는 예는 더러 있다. 환관이 제일 높게 올라간 사례를 보면 정2품 판서계급까지이다. 조선시대 환관은 보통 300여 명이 있었는데 중국환관은 음낭과 성기를 모두 제거하기 때문에 결혼을 할 수 없었는데 조선 환관은 음낭만 제거하기 때문에 결혼이 가능했으며 후세는 양자를 두는 제도가 있다고 한다.

조선시대 환관 중 문정왕후가 명종 수렴청정을 할 때 박한종 환관이 유명하였다. 박한종은 문정왕후에 빌붙어 왕실 재정을 책임지는 내수사 책임을 맡았고, 지방군수의 사찰 권한까지도 행사했다니 그의 권한은 조정 대신들보다 더 나았다고 보아야 할 것이다. 대신들이 박한종의 권한을 박탈하라고 빗발치게 상소를 올렸지만 문정왕후는 오히려 환관을 더 신임했다고 한다. 그러나 제대로 된 충신의 환관도 있다. 김처선 환관은 임금을 여러 명 이상 모신 경력이 있었는데 연산군 때 연산군의 폭정을 비판하는 바른 소리를 했다가 참혹하게 능지처참을 당했다.

요즈음 청와대에서 문고리 3인방이니 십상시니 하는 말들이 매일 언론을 뜨겁게 만들고 있다. 예전 같으면 청와대에서 흘러나오는 말들이 언론에 비치면 주로 비서실장이니 수석이니 정도였었는데 요즈음은 행정관이니 비서관이니 하는 말들이 주를 이루고 있다. 문고리 3인방에 대하여 검찰수사 결과 아무런 문제가 없다고 결론을 냈는데 음행정관이 십상시를 알면 얼마나 아느냐는 말을 하는 걸 보면 무언가 이상한 느낌이 드는 것은 사실이다. 행정관이나 비서관은 청와대에서 실무를 맡은 사람들인데 이들이 언론에 자꾸 나오는걸 보면 청와대의 조직에 이상이 있는 것 아닌지 의심된다. 조용히 대통령을 위해서 일만 열심히 해야 될 사람들인데 말이다.

우리나라의 모든 시책과 행정은 중앙부처와 지방자치단체를 통해서 이루어진다. 청와대 참모를 통해서 이루어지지 않는다. 즉 국민의 복지와 권리, 경제 발전을 다루는 부처의 이야기를 자주 들으면 우리나라가 더 좋아질 텐데 아쉽다는 생각을 해본다. 역대 대통령들이 주로 부처보다는 참모들을 이용해 정치를 하는데 대통령이 부처를 돌아다니며 점검을 하고 행정을 해보면 어떨지 생각해본다. 어느 조직이든 권력자가 측근들만을 이용해 운영을 할 때 측근 세력이 잘 보좌를 한다면 문제가 없지만 측근 세력이 아무런 비판을 하지 못한다면 어떠한 일이 벌어질지는 곰곰이 새겨 보아야할 것이다.

〈2015. 01. 16.〉

증세와 복지

요즈음 연말정산으로 꽤나 시끄럽다. 연말정산의 꼼수로 직장인들의 거센 반발을 사고 있다는 뉴스에 이어 연말정산의 후폭풍으로 감세냐 증세냐 하는 근본적인 조세 정책과 복지정책에 대하여 논의가 뜨겁다. 나도 공무원 재직 때 매년 초 연말정산을 하면서 어떻게 하면 절세를 할 수 있을까 노력도 해보았으나 제일 큰 혜택은 경로우대 등 부양의무자가 얼마나 많으냐 아니면 교육비, 병원비 등 지출이 얼마나 많으냐에 따라서 환급금이 정해지곤 하였다. 부모님이 계시고 자식들이 어렸을 때는 환급을 받았었으나 부모님이 돌아가시고 자식들이 크면서 공제하는 부분이 없어지니까 환급액을 받기는 어렵고 오히려 세금을 더 내곤 하였다.

정부의 조세 정책 중 제일 쉬운 게 직장인들로부터 걷는 소득세 징책일 것이고, 소득세 부과중 제일 어려운 것이 자영업자들의 소득세 부과일 것이다. 일정 계층에 대한 일방적 증세는 일방적으로 밥숟가락을 빼앗는 꼴이 되기 때문에 조세 저항이 이만저만이 아니다. 프랑스에서 소득의 75%를 부과하는 부유세로 인하여 고소득자의 외국국적 취득이 붐을 이루었는데, 세수확대는 없고 경기침체를 자초했다는 평가로 시행 2년 만에 폐지한 사례가 그것이다.

며칠 전 긴축재정에 반대하는 그리스 급진좌파 정권(시리자)이

들어서면서 유로존 탈퇴의 예상으로 큰 파장을 몰고 올 것이라고 하고 있다. 그리스가 재정을 파탄하게 된 경위는 무분별한 포퓰리즘으로 사회복지비 등의 비용이 크게 늘었기 때문이라고 한다. 그리스뿐만 아니고 스페인 등이 사회복지비용으로 막대한 부채를 지고 있어 국가재정이 파탄이 나고 국민들을 어렵게 만들고 있다. 지금 우리나라도 정부채무가 509조 원이고, 공기업 포함 부채는 898조 원이며, 매년 70조 원씩 부채가 증가하여 금년도 말에는 약 1000조 원이 예상된다. 작년 세수결손은 11조 원이 넘는다고 하니 정말 심각해져가고 있다.

이러한 부채의 주요 원인은 조세수입 없이 사회복지 비용의 증가가 제일 큰 원인으로서 그 원인은 정부에서 가장 기초인 수입과 지출의 균형을 맞추지 못하고 포퓰리즘 정책을 추진하였기 때문이다. 복지도 선택적 복지가 아닌 보편적 복지로 인한 획일적 양육수당의 지급, 재산이 많은 피부양자가 있는데도 기초노령 연금을 타고 건강보험료를 내지 않는 경우도 많고 국민연금도 처음에 든 사람들에게는 많은 혜택을 주는 등 새는 돈이 많이 발생하기 때문에 재정을 더욱 어렵게 하고 있다.

다니다 보면 이런 얘기 저런 얘기를 듣는데 복지에 대하여 지적하는 분들이 많다. 모 인사의 경우 그래도 지역에서는 부자인데 재산을 어떻게 신고했는지 지금 매달 기초노령연금을 받고 있다고 비판하는 소리를 듣는 등 보편적 복지로 인해 새는 예산이 많다는 지적이다. 한국경제연구원과 매경에서 무상보육, 무상급식, 반값 등록금, 기초연금 등 4대 보편적 복지 정책을 선별적 복지로 전환했을 때 소요되는 국가 재정 변화를 분석했는데 선별적 복지로 가면 3년 간 31조 원을 절약할 수 있다고 한다. 여기에 새는 복지비를 더한다면 더욱 더 절약할 수 있을 것이다.

공직에 있을 때 한 가지 사례를 들어보고자 한다. 어떤 면에 모자가 살고 있는데 살고 있는 토지가 팔려 오도 가도 못 하는 신세가 되어 시청에서 2000만 원을 들여서 단체의 후원으로 당진 시내에 전세를 얻어준 일이 있다. 이 일은 미담 사례로 지역신문에 보도되기도 했다. 그런데 모자는 이사한 집에서 두 달을 살다가 다시 자기 집으로 들어갔다. 임야를 매입한 사람에게 500만 원을 받으려고 들어갔다고 한다. 그래서 북부행복나눔센터가 수차례 걸쳐 전셋집으로 들어가라고 통보를 하였는데도 들어가지 않고 버티었다. 어쩔 수 없이 소년소녀가장 세대를 입주시켰는데, "왜 내 집을 다른 사람에게 주었냐?"고 시장실까지 방문하여 항의를 하였다.

북부센터는 40대인 아들을 어떻게든 도와주려고 후원자인 석문에 있는 기업체 사장에게 부탁하여 취직을 시켜 주었는데도 다니다 말고, 또 학원에 기사로 채용하기로 약속을 받아 운전학원에 등록을 시켜주었는데도 며칠 다니다 말았다. 그래서 면사무소에 이야기하여 공공근로라도 받아주도록 하여 다니게 시켰는데 교통수단이 없다 하여 자전거도 사주었고, 또 컴퓨터가 필요하다고 하여 컴퓨터도 사주고, 교육도 시켜주었는데 컴퓨터를 배워서 국민 고충처리 위원회에 민원을 넣었는데 당진시의 복지 시책이 이것이 잘못이고 저것이 잘못이라고 불만을 표시하여 점검을 받았단다.

하나의 예를 든 것이지만 이러한 일들로 얼마나 많은 행정적인 낭비와 또 개인적인 불행인가 하는 느낌을 받는다. 멀쩡한 사람이 열심히 살려고 하지 않고 누군가에 기대어 살려하고 또 의욕도 없이 살아가려는 사고방식을 갖고 있는 경우가 많다. 재산은 없지만 일정한 직업을 가지고 열심히 살려는 사람에게 혜택을 주는 생산적 복지 시책을 해 보는 것은 어떨지 생각해본다.

우리나라는 자원이 없이 주로 수출로 먹고사는 나라이다. 외국 의존도가 100%가 넘는다. 수출 없이는 살아갈 수 없는 형편이기 때문에 기술혁신만이 살 길이다. 국가경제의 도약이 있어야 증세가 이루어질 수 있기 때문이다. 즉 경제의 도약 없는 복지는 사상누각이라고 본다.

지금 연말정산으로 얼마나 시끄러운가. 각 정권마다 대책 없는 복지 정책의 포퓰리즘으로 인하여 막대한 비용이 증가하는데 어디 뾰족한 수가 있겠는가 말이다. 어느 정권에서는 복지시책의 급진적 확대로 인하여 시군구에서는 국비가 쏟아져 지방비를 부담하여야 하는데 부담할 형편이 안 돼 지방자치단체의 반발을 산 경우도 있다. 어느 정권이나 지방자치단체든지 복지를 최대한 추구는 하되, 빚을 내어 복지정책을 추진해서는 안 된다.

모든 조세와 복지 시책은 사회적 균형에 맞게 정책을 추진해야 할 것이다.

〈2015. 01. 29.〉

YS의 서거

김영삼 대통령이 서거했다. 언론에서는 김 대통령에 대한 공과 실에 대하여 여러 가지로 대서특필 하고 있다. "YS는 말이 아니라 몸으로 싸워 민주주의를 쟁취했다." "뜨거운 포용력이 YS의 장기이다." "굴하지 않는 신념을 갖춘 승부사 기질의 소유자" "하룻밤에 별 50개를 날리는 승부사 기질" 등등 그에 대한 평가가 쏟아졌다. YS의 걸어온 길을 살펴보면 민주화 항쟁, 3당 합당, 문민정부 수립, 부패와의 전쟁, 금융실명제, 하나회 해체, 전두환 노태우 전 대통령 구속, 공직자 재산 공개 등의 공이 있는 반면 외환위기, 측근 비리 등으로 치욕을 겪기도 했다.

통치 형태를 보면 집권 초기에 감사원에 힘을 굉장히 실어주었다. 아마도 경찰과 검찰에 대하여 불신이 있어서 그런지 몰라도 감사원에 상당한 힘을 실어주었는데 그때 나는 군청 공업계장이었다. 해사채취 때문에 감사원 감사가 나왔다. 매스컴에서만 들었던 감사원 위상이 하늘을 찌를 정도였다. 태안 해경도 감사원 앞에서는 꼼짝도 못하는 형국이었다. 그때 기억으로는 감사원에서 해사채취에 대한 감사를 벌여 검찰청에 넘겨서 인천지역 정치인을 구속시키는 형태로 진행되었다.

매스컴에서 무수히 많은 것에 대하여 YS의 공과 실에 대한 평가를 하고 있지만 거론이 안 되고 있는 것이 있는데 그것이 바로 농어촌구조개선 사업이다. 전국적으로 약 53조 원이 풀렸고 당진에도 약 3400억 원이 농민에 지원됐다. 보조 50% 저리융자 30% 자담 20%였다. 내가 아는 사람이 축사를 신축하는데 1억 원을 신청해서 지었는데 보조만으로 완공했다. 당시에는 농어촌구조개선 자금을 못 타면 바보소리를 들었으니 너도나도 신청한 상태였다. 축산업을 하는 사람은 축사를 신축하고 벼농사를 짓는 사람은 농기계를 신청하고 특용작물을 하는 사람은 하우스를 지었다.

하우스의 경우 너도나도 하우스를 짓다 보니까 전국토의 하우스화가 되었지만 마땅히 재배할 작목이 없다보니 방울토마토 값이 ㎏당 7000원에서 700원으로 떨어져 농가가 망하는 지경에 이르렀다. 내가 신평면장으로 갔을 때 하루에 2~3건 정도 법원에서 경매 서류가 날아오는데 촌에 왜 경매가 많은가 알아보니까 농어촌구조개선 사업 때문이었다. 전라도 어느 마을은 마을 전체 가구가 파산한 경우도 있다. 자금을 받기 위해서 서로가 연대 보증을 섰기 때문이다. 정부가 일부 시행해보고 점차 확대하였으면 문제가 없었을 텐데 대통령 단임제 때문에 한 번에 성과를 내려고 하다 보니 이런 어처구니 없는 일들이 벌어졌다.

내가 대학원을 다닐 때 김영삼 대통령시절 정무수석을 한 사람이 객원교수로 강의를 진행했다. 하루는 그분이 김 대통령이 나라를 잘 다스렸다고 자랑을 하기에 내가 "김영삼 대통령이 뭘 잘 했느냐?" 고 따지니까 "무엇 때문에 그러느냐?" 고 반문을 하였다. 그래서 농어촌구조개선 사업의 잘못된 부분에 대하여 조목조목 비판을 하였다. 그랬더니 교수님이 하는 말이 자기는 잘 몰랐다고 변명을 했다. 그래서 내가 더 신랄하게 비판을 한 적이 있다.

대통령 권한이 너무 크고 단임제로 끝나니 임기 중 무언가 실적을 남기고 싶어 무리한 정책을 집행하지 않나 판단한다. 예를 든다면 김영삼의 농어촌구조개선사업, 김대중의 북한지원사업, 노무현의 복지시책확대, 이명박의 4대강사업 등등이다. 이제는 전직 대통령에 대한 공과 실에 대한 평가뿐만 아니라 이러한 공과를 종합적으로 검토하여 제도적 개선이 있어야 할 시점에 왔다고 본다. 국가를 운영하면서 대통령 개인 때문에 국민들이 피해를 보는 일은 없어야 할 것이다. 대통령에 대한 권한이 너무 크기 때문에 대통령 독단으로 정책을 입안 시행한다면 막을 방법이 없고 사후에 평가나 하는 것으로 만족하여야 한다. 대통령 정책이 잘되어 국민이 잘 산다면 이야기할 필요도 없겠지만 말이다.

〈2015. 11. 24.〉

엘론 머스크

2020년 대한민국도 달에 태극기를 꽂는다고 30일 미래창조과학부의 우주개발실무위원회가 의결했단다. 2018년까지 달 궤도선을 발사하고, 2020년에는 자력으로 달에 태극기를 꽂을 계획이란다. 이를 위해 NASA와 달 탐사 협력의향서도 체결했다고 한다. 참으로 반가운 소식이다. 매스컴을 보면 매일 싸우는 소리, 부정적인 소리들만 가득한 한 해였는데 연말에 모처럼 국민에게 희망을 주는 뉴스가 보도됐다. 그런데 언론은 이 뉴스를 작게 보도하고 말았다.

세계10위 경제대국인데 우주로켓발사 가지고 일희일비를 하는 모습을 보면서 미국의 사기업과 너무 비교되어 안타까웠다. 미국의 엘론 머스크(44세)가 이끄는 스페이스X라는 회사가 있다. 미국 MIT공대가 뽑은 '세계에서 가장 똑똑한 50대 기업' 선정에서 22위를 했고. 1위는 테슬라 모터스로 엘론 머스크가 창업했고 현재 세계에서 제일 잘 나가는 전기자동차 업체이다. 2위가 샤오미이고, 9위에 솔라시티가 있는데 쏠라시티도 엘론 머스크가 창업했다. 우리나라는 50대 기업에 하나도 없다.

엘론 머스크는 2008년 우주로켓 펠컨1호를 쏘아 올려 그해 NASA와 우주화물운송계약을 체결하고 지금까지 국제우주정거장(ISS)에 화물을 운송하고 있다. 또한 스페이스X회사에서는 금년 12월 21일 펠컨 9호 로켓을 쏘아 올려서 위성 11개를 안착시키고, 그리고 발사체를 회수하는데 성공하였다. 발사체를 회수하면 6000만 달러(약 700억 원)에서 600만 달러(약70억 원) 수준으로 비용을 절약하여 상업우주 시대를 열어가는 데 한걸음 다가서게 된다. 그리고 미국의 다른 우주회사인 블루 오리진의 제프 베조스토도 100㎞ 상공까지 로켓을 올리고 회수하는데 성공하였다. 이렇듯 미국은 두 회사가 우주개발 경쟁을 벌이고 있어 속속 성공을 하고 있다.

엘론 머스크는 화성에 뼈를 묻히는 게 꿈이란다. 화성에 2032년 이내에 화성 식민지인 솔라시티를 만들어 태양열로 에너지를 자급자족하여 인구 8만 명을 거주시키겠다는 것이다. 그리고 Space internet을 만들어 지구전체를 하나의 와이파이로 만들어 30억 명 인구가 혜택을 받도록 하고 화성 우주에서도 인터넷을 사용토록 하겠다는 것이다. 미국의 스페이스X회사와 블루 오리진 두 회사가 경쟁하고 있고, 또 다른 회사가 우주개발에 뛰어들고 화성까지 가는 계획을 착실히 이루어가고 있다.

우리나라는 전체적으로 민간회사만도 못한 수준에 머물고 있으니 안타깝다. 그러나 지금이라도 달 탐사 계획을 수립하여 진행한다하니 늦은 감은 있지만 다행스럽다 하겠다. 부디 이런 계획이 성공하여 국민들에게 자부심을 느끼게 하고, 나아가 우리나라도 엘론 머스크와 같은 선지자가 나오기를 기원해 본다.

〈2015. 12. 31.〉

김영란법

나라가 온통 김영란법으로 시끄럽다. 김영란법은 공직자의 금품수수, 부정청탁을 금지하기 위해 만들어진 법인데 그 여파가 클 것으로 보기 때문이다. '삼오십법' 이라고도 한다는데 식사 3만 원, 선물 5만 원, 애경사비 10만 원이 넘으면 법 위반이란다. 먹는 것을 가지고 법으로 금액을 정한다니 세상이 참으로 삭막하게 변한다는 느낌이다. 그래서 금액을 쪼개기 위해 카드를 한 장으로 결제하지 않고 두 장, 세 장으로 결제하는 등 편법을 쓰는 일이 잦아질 것이란다. 법을 교묘히 피하기 위해 잔머리만 늘어나는 꼴이고 편법을 구상하고 어떻게 하면 법망을 빠져나가게 하나를 연구하게 만드는 법이 탄생했다.

매스컴을 보니 김영란법 파파라치인 김파라치가 뜬단다. 서울에 학원까지 생겼다니 서로를 감시하게 하고 고발하게 하고 사회를 더욱 삭막하게 살아가는 세상을 만드는 꼴이다. 얼마나 사회 부조리가 만연했으면 이런 법이 나오나 싶어 씁쓸하다. 이런 가운데 김영란법이 시행을 앞두고 축산인 등 농민들이 피해를 입는다고 법 개정을 요구하는 기현상이 벌어지고 있다. 당초의 입법 취지는 2급 이상 고위공직자와 국회의원 등의 공직자만을 대상으로 한 것인데 국회심의과정에서 변질되었단다. 또한 국회의원과 지방의원, 지방자치단체장 등 선출직은 공익목적의 예외조항을 두어 비판을 받고 있다.

이렇게 전 국민을 대상으로 예비적 범죄자 취급을 하게 될 법이라면 입법취지대로 고위공직자에게만 시범적으로 했어야 했다. 예전 정권의 무리한 정책추진의 예를 든다면 김영삼 대통령 때 농어촌을 살린다고 농어촌구조개선 사업에 53조 원을 농촌에 풀었는데 결과적으로 농민을 살린 게 아니고 농촌을 더 피폐하게 만든 꼴이 됐다. 김대중 대통령 때 무리한 대북지원, 노무현 대통령의 엄청난 복지예산 투입, 이명박 대통령의 무리한 4대강사업 등 한 번 잘못된 정책으로 나라전체가 왔다갔다 하는 식의 정책은 하지 말아야 한다.

김영란법도 한 번에 수많은 인원을 통제하기 보단, 일정 고위공직자에게 시범적으로 운영을 하다가 장단점을 비교하여 보완하였어야 했다고 본다. 권력을 가진 고위공직자들이 자기 목에 방울을 매달기는 어려울 것이다. 최근 국회의장 직속으로 국회의원 특권 내려놓기 추진위원회가 발족되었다. 얼마나 특권이 많으면 특권내려놓기 추진위원회라니 기가 막힐 일이다. 특권이 200여 가지가 된다니, 그렇게 특권이 많으니 국민을 위해서 선거에 나가는 것이 아니라 그 특권을 향유하기 위해서 선거에 나간다고 하는 말이 옳을 것 같다.

스웨덴 국회와 비교를 많이 하는데 스웨덴 국회는 아예 특권이 없단다. 특권보다는 엄청난 희생과 봉사를 해야 해서 매번 1/3이 선거출마를 포기해야할 정도라고 한다. 국민을 위해서 정책개발과 입법을 하는 그 자체가 진짜 특권이라는 생각으로 봉사를 하는 것이 스웨덴 국회의원이라니 우리와 달라도 너무 다르다. 그것도 보좌관 한 명도 없이. 어차피 헌재에서 김영란법이 합헌으로 결정이 되었으니 시행하는 수밖에.

일단은 시행해보고 많은 문제점이 나오면 그때 국회에서 잘 조정해야 한다. 그런데 국민들은 국회를 믿지 않는다. 얼마나 대한민국의 국회가 국민의 신뢰를 잃었으면 이 지경까지 됐을까 싶어 안타깝다. 임기동안 국회를 운영하는데 1조 원을 쓰면서 신뢰는 바닥이니, 우리나라는 언제나 사회지도층이 솔선수범하는 세상이 나올까.

〈2016. 07. 30.〉

Walton Harris Walker장군

'인천상륙작전' 영화를 봤다. 맥아더 장군의 활약상이 멋지게 나온다. 맥아더 장군의 인천상륙작전이 없었다면 한국은 공산화가 되었을 것이다. 그리고 난민들이 대만처럼 제주도나 서사모아로 갔을 것이다. 인천상륙작전 영화를 보고 새삼 알게 된 것이 광장동 워커힐 호텔이 월튼 워커 장군을 기리기 위해서 붙여진 이름이라는 것을 알게 되었다. 워커장군은 6.25전쟁 때 미8군사령관으로 한국으로 왔고 낙동강 전선에서 중장이지만 최전선에서 앞장서서 진두지휘를 했다. 미국 정부 입장에서 낙동강이 무너지면 난민을 어떻게 처리해야 하나 고심을 했을 테고 그 일환으로 New Korea Plan에 의거 난민 62만 명을 서사모아로 이주시켜 망명정부를 구성하려고 계획을 했었단다.

그리고 맥아더도 일본에서 남한이 낙동강까지 밀리는 것을 보고 남한을 포기하는 것을 검토했다고 한다. 지휘부에 일본만 방어하고 한국을 포기하자고 했단다. 그러나 워커장군 만큼은 한국을 사수하여야 한다고 상부에 주장을 했고, 사병들에게도 끝까지 한국을 지켜야 한다고 역설했다고 한다. 한국 장병들에게 그는 "내가 여기서 죽더라도 끝까지 한국을 지키겠다."라고 말했다고 한다. 미군 장병들에게 그는 "Stand or Die" '사수 아니면 죽음'이라고 입버릇처럼 말했다고 한다.

낙동강 전투에서 낙동강의 전선이 위태롭고 병력이 필요했지만 맥아더 장군은 워커 장군에게 병력을 주지 않았다. 둘 사이의 관계가 좋지 않았기 때문이라고 한다. 하지만 워커 장군은 종횡무진하며 낙동강 전선을 지켜냈다. 그후 인천상륙작전이 성공해서 서울을 수복한 후에 1950년 12월 미육군 대위인 아들이 은성무공훈장을 받게 되어 이를 축하해 주기 위해 가는 도중 의정부에서 교통사고로 사망한다.

한국 정부는 안타까운 장군의 죽음을 기리기 위해 아차산의 지명에 워커힐이라는 이름을 사용하게 되었으며, 쉐라톤 워커힐 호텔은 이 지명을 따서 이름을 지었다. 워커힐 호텔에는 기념비가 있는데 거기에는 "오늘 우리가 장군을 특별히 추모하는 것은 한국전쟁 초기 유엔군의 전면 철수를 주장했던 미국 조야의 지배적인 분위기 속에서 유독 장군만이 홀로 한반도 고수를 주장하여 전쟁을 승리로 이끌었을 뿐만 아니라 한반도의 공산화를 방지하여 우리의 오늘을 가능케 한 그 공덕을 잊을 수 없기 때문입니다."라고 적혀있다.

이승만은 워커 중장의 부인에게 북진 도중 노획한 김일성의 소련제 리무진 차를 선물로 주었는데 로스앤젤레스에서 고향으로 가던 중 차가 고장나는 바람에 경차로 교환을 했다. 그 차는 그후 1982년에 한국으로 다시 돌아와 2014년에 용산 전쟁기념관에 전시되고 있다. 부경대학교 대연캠퍼스는 6.25전쟁 당시 미8군의 사령부로 사용되어, 워커장군을 기리기 위해 워커 하우스로 불리고 있다. 워커장군이 없었다면 지금 우리나라가 없다고 봐야할 것 같다. 그리고 워커장군이 사고로 사망하지 않았다면 전쟁이 어떤 결과를 가져왔을지도 궁금하다. 그가 전쟁 중에 사망하지 않았다면 38선이 아니라 39도선 경계라든지 한국에게 유리하게 작용했을지도 모른다. 장군의 사망은 한국에게는 불행이었다고 판단된다.

맥아더는 인천상륙작전 성공에 도취되어 중공군이 국경에 집결한다는 첩보를 무시하고 북진을 계속하다가 중공군의 개입으로 1.4후퇴의 비극을 맞이한다. 맥아더는 트루먼 대통령에게 핵공격으로 중국을 쳐들어가자고 주장하다가 결국은 해임된다. 의회연설에서 맥아더 장군은 "노병은 죽지 않는다. 다만 사라질 뿐이다."라는 말을 남긴다.

우리 역사를 보면 중국, 일본의 공격을 수도 없이 받았다. 일본의 침략이 없었다면 한국의 분단은 없었을 것이고, 중공군의 인해전술이 없었다면 지금의 분단국가로 남지 않았을 것이다. 지금 사드 배치를 놓고 중국은 연일 한국을 때리고 있고, 경제 보복을 일삼고 있다. 환구시보는 사드배치에 대한 한국 보복을 주장하고, 인민일보는 미국과 중러 간에 충돌이 발생할 경우 한국은 첫 번째 공격대상이 될 것이라고 으름장을 놓고 있다. 한국의 주권을 무시하고 중국의 일개 성으로 취급하는 무례를 범하고 있다.

중국의 전승절에 시진핑 주석의 우측에서 걸어가는 박근혜 대통령에 대한 예우를 보고 언론은 중국과 한국의 밀월관계라며 중국에 대하여 지극히 우호적으로 보도를 하였다. 그런데 지금의 중국 태도를 보면 한국과 중국이 밀월관계로 갈 수 있는지 반문하고 싶다. 중국의 본심이 무엇인지 이번 일의 계기로 여실히 보게 되었다. 큰 경험을 얻게 된 계기로 삼아야 한다. 또한 일본은 미국에 찰싹 붙어 전쟁을 할 수 있는 헌법을 개정하려고 하고 있다.

일왕의 퇴위로 아베 정부의 역사수정주의와 민족주의가 더 거

세질 것이라는 예측이다.

중국의 패권주의와 이에 대항하려는 미국과 일본의 전략 한 가운데에 한국이 있다. 한반도 운명이 중국, 미국, 일본의 주변 열강들의 각축장이 되어가는 것 같아 구한말의 역사가 되풀이되지 않나 하는 걱정이 앞선다. 사드배치를 놓고 국내는 상당한 잡음이 계속되고 있는데 과연 우리끼리 이렇게 싸우다가 구한말처럼 열강의 야욕에 넘어가는 과오를 범하지는 말아야겠다.

정치권은 국민들이 분열되지 않도록 해야 하는데 서로를 헐뜯고 있다. 국론 분열은 국가안보에서 필패가 될 뿐만 아니라 국가 안위가 달린 문제이다. 정치권은 국민들이 국가의 미래를 다시 생각해보는 계기로 삼았으면 한다.

〈2016. 08. 11.〉

공병호의 한국은 없다(1)

공병호의 '3년 후 한국은 없다' 라는 책을 보고서 느낌을 적어 본다. 한국의 미래가 없다는 이야기는 우리 경제가 어렵게 가고 있고 정치나 행정에서 이를 극복할 대안을 제시하지 못한다는 이야기이다. 저자가 이 같은 문제점을 지적하며 그에 대한 대안을 제시하는 형식으로 글을 작성했다. 사실 경기가 어렵긴 어렵다. 가스를 공급하려고 6개월 이상 공들였던 회사가 얼마 전 허망하게 문을 닫았다. 외지에서 가스를 공급받는데 가급적이면 지역 업체를 이용해달라고 설득하여 BTB 가스로 바꾸어준다고 약속을 받아서 9월부터 공급키로 했는데 공급하지 못하게 되었으니 더욱 안타까운 심정이다.

그 회사 속사정이야 오죽할까. 괜찮게 운영된다고 보았는데 다른 공장만 가동하고 당진 공장은 잠정 휴무키로 했단다. 지금 지역의 기업 가동률을 보면 평균 약 30%에서 40%가 다운되었다. 부도난 기업도 많고 근근이 연명하는 기업도 많이 있다. 기업들의 가동률이 다 그런 것은 아니지만 대부분이 그렇다. 기업들이 어려우니까 밖에서 회식하는 횟수가 줄어들어 식당들이 경영난을 겪는다. 직원들이 씀씀이를 줄이다 보니 옷가게 등의 매출이 줄어들고 문을 닫는다. 직원을 줄이는 회사가 늘다보니 인구가 줄어들고 있다. 참으로 걱정되는 현실이다.

공병호의 '한국은 없다' 라는 책을 읽는데 시간이 없어 조금씩 읽다보니 완독하는데 무려 2개월이 걸렸다. 책의 장(章)은 1. 대한민국의 민낯, 2. 보이지 않는 미래, 3. 중심부와 주변부의 길목에 선 한국 4. 지속 가능한 대한민국 시스템 재건으로 나누어져 있다.

먼저 제1장 '대한민국의 민낯' 에서는 먼저 늘어나는 국가 부채에 대해 기술하고 있다. 2012년 기준 국가채무가 443조 원, 일반정부부채(국가 부채, 공공기관 부채, 공기업 부채)가 1205조 원, 넓은 의미의 국가부채(연금 등 포함)가 2124조 원이다. 2013년 이자 부담이 20조 3000억 원이고 매년 이자부담이 늘고 있으며 정부예산의 8% 정도를 차지하고 있다.

노령화 사회로 접어들면서 한국 사회는 늙어가고 있다. 써야 할 돈은 늘어만 가고 벌어들이는 돈은 늘지 않아 계속해서 국가부채를 늘려야 재임기간 치적을 쌓고 인기유지를 할 수밖에 없는 정치인들의 욕구에 병들어 가는 것이다. 과연 우리사회가 파티규모를 스스로 조정할 수 있을까. 고통을 국민들에게 호소하면서 부채 증가세를 꺾을 수 있는 정치인이 나올까. 결론적으로 저자는 정치적 리더십의 부재에서 이러한 정치인은 나오지 않을 것으로 보고 있다.

제2장 '갚기 힘든 가계 부채' 에서는 각 가정의 부채를 소상히 해부하고 있다. 한번 지게 된 가계부채는 저성장 상태가 지속되는 동안 좀처럼 벗어나기 힘든 족쇄로 작용할 것이고 내수 침체의 주 원인이 될 것으로 보고 있다. 2014년 기준 가계부채는 1098조 원이다. 지금은 1200조 원이 넘는다고 한다. 그런데 문제는 가처분소득 대비 가계부채 비중이 점점 높아지고 있다는 점이다. 2004년 100%를 넘어섰고 2014년에는 138%까지 높아졌다. 더욱

이 50대의 가계 부채비율이 33%가 넘어 고령층의 가계부채 문제가 심각한 사회 문제를 일으킬 수 있다고 보고 있다. 그리고 자영업자의 대출규모가 370조 원, 3개 이상 금융기관의 대출을 받은 다중채무자가 329만 명으로 그들의 부채 규모는 323조 원에 이른다.

내수시장의 소규모 자영업자의 미래는 상당히 어둡다. 경제 권력이 길거리에 있는 가게로부터 온라인으로 빠르게 이동 중이기 때문이다. 구조적으로 자영업이 어려워질 수밖에 없는 환경이고 삶의 대부분을 조직 생활을 하다가 잘 모르는 사업에 뛰어들어 성공을 거둘 가능성은 아주 낮아 더 어렵다.

자영업자의 금융 부채인 가처분소득 대비 부채비율은 240%나 된다. 한국의 가계부채가 늘수록 원리금 상환과 이자부담, 고용불안, 노후에 대한 불안 등이 겹치면서 소비를 줄여나가기 때문에 경기가 침체되는 것은 자명한 일이다. 이렇게 장기적으로 가다보면 부의 재편이 촉진될 것이고 승자와 패자가 확연히 나뉜다고 보고 있다.

제3장 '저성장이 고착되는 경제성장률'은 좀처럼 치고 올라가지 못하는 경제성장률에 대해 관련 의견을 제시하고 있다. 한국은 눈부신 성공의 기록을 가지고 있다. 2차 세계대전 이후 85개의 신생 독립국 가운데 한국처럼 성공한 국가가 있을까. 식민지에서 벗어난 직후 전쟁으로 초토화된 나라에서 일어섰기 때문에 한국의 경제성장은 의미가 있다. 1인당 GDP가 1953년 66달러에서 2만5973달러로 390배 이상 성장했다.

경제성장률이 1960년대 이래 10%까지 상승했다가 2010년대 들어서서 3%대로 내려앉았다.

■ 역대 정부 경제 성장률

박정희 8.37% 전두환 8.77% 노태우 7.36% 김영삼 7.82%
김대중 5,32% 노무현 4.48% 이명박 3.2% 박근혜 2.93%

2008년 금융위기 이후 나타난 특이한 현상이 대규모 적자 재정이다. 예를 든다면 이명박 정부가 이룬 3%대의 경제 성장도 95조 대규모 적자 재정을 편성하여 인위적으로 끌어올린 경제 성장률이다. 이렇게 막대한 규모의 적자재정을 투입하고서도 3%의 성장률을 유지한 것은 어떤 의미를 갖고 있을까. 이는 본질적으로 현재의 고통을 피하기 위해 미래의 자원을 앞당겨 사용하는 것이며 미래에 빚을 떠넘기는 행위이다.

정부가 도로나 항만 건설에 재정을 투입하게 되면 구축효과가 발생하지만 상당부분을 낭비하는 곳에 투입된다면 미래세대를 죽이는 결과를 초래한다. 내 돈이라면 이렇게 사용할 수가 있겠는가? 재정이란 투입하고 나면 그만이다. 책임질 사람도 없고 일단 편성되면 써버려야 하는 대상이다. 이러한 낭비예산이 일상화된다면 언젠가는 부메랑이 되어 우리를 공격할 것이다. 재정적자를 통하여 경제를 살릴 것이 아니라 정직한 경제 살리기를 위해 일할 지도자는 없는 것일까. 대중적인 인기와 결별하는 단호함을 보이는 인물의 등장은 가능성이 매우 희박하다고 본다.

제4장 '추락하는 산업 경쟁력' 에서는 한국 경제의 이야기를 이어간다. 우리나라의 세계 시장 점유율 1위 상품수가 1998년 87개에서 꾸준히 줄고 있는 가운데 중국은 2002년 787개에서 2013년 1539개로 꾸준히 늘고 있다. 한중 수출 경쟁력을 분석한 결과를

보면 철강, 조선에 이어 휴대폰도 거의 추월을 당하고 있고 자동차, 디스플레이, 석유화학, 가전 등이 한국이 앞서 있지만 중국의 맹추격으로 얼마가지 않아서 그 격차가 사라질 것이다.

산업 재편이 시급히 요구되는 시점이다. 산업경쟁력의 일부 사례를 살펴보면 자동차 업체 매출액 대비 임금 비중은 우리나라 A사가 13.1%, BMW 9.2%, 도요타 7.8%로 나타났다. A사의 국내외 공장 생산성은 국내57.8%, 중국 83.4%, 인도 85.4% 체코 91.0% 러시아 91.5%, 미국 92.0%다. 거의 모든 산업에서 중국에 이미 추격당했거나 추격 직전이라는 것이 우리 산업의 실상이다. 이를 두고 '목에 칼이 들어오는 상태' 라고까지 한다.

칭화대, 베이징대 등에서 반도체 분야를 연구하는 학생들의 수가 우리나라 학생들보다 당연히 많고 또 서울대 사람들보다 세계 유명 저널에 발표되는 논문이 더 많고 질도 높다고 한다. 직접 만나보면 소름이 끼칠 것이라고 저자는 말한다. 세계 최고의 화학 전문 학술지에 발표되는 나노 관련 논문 저자 중 70~80%가 중국계이다. 중국은 대륙적인 기질이 강하다. 우리에 비해서 순발력, 눈썰미는 떨어지지만 긴 안목을 갖고 꾸준히 나가는 일에는 익숙하다. 기의 모든 산업에서 장기적인 포석을 갖고 경쟁력 향상을 위해 매진하고 있음을 잊지 말아야 한다.

중국에서 미국으로 유학가 나사에 근무하였던 전학삼을 모택동이 끌어들여 인공위성 발사의 꿈을 실현시키기 위해 전학삼에게 20년간 연구의 전권을 주었다. 그 결과 십 수 년을 걸려 1970년 인공위성 발사에 성공하고 또 유인 인공위성 발사에 성공했다. 이제는 달 탐험을 추진하고 있다. 우리는 이런 장기적이고 긴 안목의 정책을 가지고 있는 것인가?

근래 대만에서 벌어지고 있는 상황은 우리 산업의 미래를 생각하게 한다.

대만의 부품 소재 업체들은 중국의 원심력에 휩쓸려 들어가고 있다. 부품업체 등 대만은 불황의 그림자를 깊게 드리우고 있다. 즉 중국이 혼자 다한다고 한다. 대만의 공급망을 쓰다가 이제는 중국이 자체 브랜드로 주요 제품을 자국 내에서 생산하고 소비하는 방식이다. 우리나라도 대만과 같은 사태가 올 수 있기 때문에 이를 철저히 대비하여야 한다.

〈2016. 09. 03.〉

공병호의 한국은 없다(2)

공병호의 '한국은 없다' 마지막 에필로그를 소개하고자 한다. 어느 사회든 떠오르는 해와 같은 시기가 있다. 하지만 우리는 지금 정반대의 상황에 놓여있다. 마치 어둑어둑 해가 저무는 석양의 분위기가 사회 전체를 감싸고 있다. 다시 희망으로 가득 찬 새벽녘과 같은 상황을 만들 방법은 없을까. 이제는 우리의 어려운 상황을 알기 시작했다. 그리고 잃어버린 20년을 경험한 일본의 상황을 반면교사로 삼을 수 있다. 이런 상황에서 특단의 조치를 하지 않는다면 일본이 걸었던 길을 답습하고 말 것이다.

1. 한국인들은 더 정직해져야 한다.

우리는 우리 실제 모습을 직시해야 한다. 문제의 심각함과 중대성에 비해 그것을 해결하려는 노력이 부족하다. 한국이 지금 비상 상황에 놓여 있음을, 타이밍을 놓치면 어떤 상황에 내몰리게 될지를 적극적으로 알려야 하는데 정치권은 솔직하게 고백하지 않고 흘러가고 있다. 정치권에서 정직하게 이를 알리고 대책을 수립하여야 한다.

2. 과거의 성공 공식은 반복되지 않는다.

어떤 사회가 크게 성공한 경험은 현재의 문제를 해결하는데 오히려 족쇄가 될 수 있다. 우리가 명심해야 할 것은 이제까지 우리를 제대로 인도했던 방법과 제도라 할지라도 시대가 바뀌고 환경이 변하게 되면 그것들이 한순간에 무용지물이 될 수도 있다는 사실이다. 고도성장기에 만들어진 관료제도, 정치제도, 교육제도, 지방자치제도, 각종 규제 등 모든 분야에서 근본적인 재검토가 이루어져야 한다. 획기적인 발상의 전환이 필요하다.

3. 어렵고 불편한 길을 선택하는 리더가 필요하다.

본래 인간은 현재의 불편함을 무척 싫어한다. 이를 잘 아는 정치인들은 선거에서 이기기 위해 국민들에게 당장 듣기 좋은 아부를 할 수밖에 없다. 그러나 이처럼 어려운 때일수록 고양이 목에 방울을 달려는 사람이 있어야 한다. 시대의 변곡점에서 어려움을 극복한 경우는 이런 사람들이 존재했을 때였다. 이를 헤쳐나간 지도자들은 그 당시에는 지지를 받지 못했다. 그러나 이러한 지도자 덕택에 한 나라가 혼란의 질곡을 벗어날 수 있었다. 그렇다면 어려운 시기에 필요한 지도자는 인기에 영합하는 자세에서 벗어나야 한다. 지금은 힘들더라도 다음 세대와 국가를 위해서 헌신하는 선택을 할 수 있는 지도자가 나와야 한다. 그러한 지도자가 나오기란 어렵지만 국민들이 하기에 따라서 그런 지도자가 나올 수 있기 때문에 국민 스스로가 현명해져야 한다.

4. 뭐든지 되는 쪽으로 제도를 혁파해야 한다.

우리나라는 개발시대 때부터 관 주도의 성공으로 이루어져 왔기 때문에 모든 분야가 규제로 둘러싸여 있다. 한번 만들어진 규제는 어떤 집단에게 권리가 되기 때문에 이를 철폐하기란 여간 어려운 일이 아니다. 나라가 성장시기라면 규제 개혁에 느슨할 수 있지만 지금처럼 저성장 시기에는 규제 개혁의 본격적인 시점이다. 점진적이고 완화의 개혁이 아니라 혁파이어야 한다. 경제 주체들이 보기에도 놀라게 파격적인 규제 혁파 없이는 저성장 시대의 흐름을 피할 수 없다.

5. 성역화된 규제를 풀 비상한 개혁 조치가 필요하다.

우리는 수십 년 동안 인구 억제 대책을 비롯해 산지보호대책, 농지보호 대책, 수질오염 방지대책 등으로 모든 경제 활동을 금지시켜왔다. 이러한 통념을 깨고 과감한 정책들이 등장하여야 한다. 한국의 어려움은 상상력의 빈곤에서 비롯된다고 봐야한다. 즉 물질의 위기가 아니라 생각의 위기임을 명심해야 한다. 획기적이고 파격적인 생각을 하여야 한다. 우리가 살 길은 계속해서 틀을 깨는 데 있다.

6. 공공부문에 대해서도 과감한 정비가 필요하다.

저성장 시대에 국가는 고정비용을 절감하는데 솔선수범하여야 한다. 저성장 저출산 체제에서는 행정 조직의 정비를 통한 비용 절감이 대두될 수밖에 없다. 중앙 및 지방공무원뿐만 아니라 공적 성격을 가진 조직의 비중을 낮추는 것이 국가경영에 필수적이다. 어려움을 맞은 다음에 국가의 기간산업까지 팔아 치우면서 재정난을 해결하기 위해 고심하는 유럽 국가들에게서 교훈을 얻어야 할 것이다.

7. 노동시장을 비롯해서 모든 것을 유연화에 맞추어야 한다.

한국 사회는 지금보다 더 유연해져야 한다. 유연화는 반드시 노동시장에만 해당하는 것은 아니다. 한국사회 곳곳에 담합구조가 형성되어 있다. 그것은 높은 비용과 낮은 생산성의 원인을 제고하고 있다. 합당한 사람에게 합당한 몫이 주어지지 않고 논리적으로나 경제적으로 납득할 수 없는 사람에게 자원이 배분되는 것은 정의로운 일이 아니며, 장기적으로 사회에 분노와 갈등을 고조시키는 요인이 될 것이다. 고인 물이 부패하는 것처럼 담합구조가 부패의 중요한 요인이다.

8. 조세 및 준조세 부담 증가는 신중히 해야 한다.

인간은 자기가 부담하는 것보다 다른 사람이 비용을 부담하는 것을 좋아한다. 우리 사회에서 근로자들 가운데 근로소득세를 전혀 내지 않는 사람의 비중이 57%나 된다. 당장 세율을 올리면 조세 수입을 거두어들일 수 있지만 그렇게 간단한 문제가 아니다. 세금의 부담이 증가하면 납세자는 부담 증가에 따른 경제 활동을 회피하거나, 지역을 옮기거나, 절세를 할 수 있는 다양한 방법을 강구한다. 증세는 최후의 수단으로서 신중을 기할 필요가 있다.

9. 정치의 새 역할

정치인은 보통의 사람들과 달리 한 사회의 사회적 선택에 대한 의사결정에서 중추적인 역할을 하는 사람들이다. 우리 사회가 더 나은 방향으로 나아가기 위해서는 괜찮은 정치인을 뽑아야 한다. 대부분 여론에 일희일비하는 포퓰리즘을 선호하는 방향으로 가버리고 있는데 우리에게는 큰 불행이다. 정치 지도자를 제대로 선택하는 일은 매우 중요하다. 선택하기는 힘들지만 우리는 끝까지 노력을 하여야 한다.

10. 각자가 자기 자리에서 자기 몫 이상을 해야 한다.

사람들은 국가의 살림살이를 이해하기 어렵고, 이해하려고 노력하지도 않는다. 국가에 이것을 해주고 저것을 해달라고 요구만 하는 사람들이 대부분이다. 사실적으로 보면 국가에 해달라고 하지만 납세자에게 이것을 해달라 혹은 저것을 해달라고 요구하는 것과 같은 일이다. 국가가 장기적으로 나에게 어떤 도움을 줄 수 있을 것이라는 막연한 생각을 버리고 개개인 스스로 절실하게 해결책을 찾아 나설 수밖에 없다.

11. 환경변화에 따른 의식의 전환이 필요하다.

어느 시대든 빛도 있고 그림자도 있다. 한국 경제는 저성장 추세를 피할 수 없을 것이다. 지금까지 지속적으로 임금이 오르는 생활 속에서 임금이 깎이는 시대를 받아들이는 일은 여간 어렵지 않다. 그러나 생각과 관점을 크게 전환하지 않으면 이러한 시대에 살아남고 승리하는 방법을 찾기가 쉽지 않다. 이러한 저성장 시대를 머리로 받아들이지 말고 마음으로 받아들여야 한다. 세상의 모든 것은 변화하고 있다. 변화를 두려워하거나 무서워하지 말고 의식 전환을 하여 자신과 사회를 바꾸어나가야 한다. 과감하게.

〈2016. 09. 24.〉

사면초가인데

신문을 통해 아베 지지율이 60%대를 넘나들고 있다는 기사를 봤다. 이는 트럼프가 미국 차기대통령으로 당선되자마자 만남을 추진했고, 후쿠시마 지진 당시 아르헨티나에 있으면서도 원격으로 긴급대응을 지시하는 등 국민을 안심시킨 행동으로 국민의 신뢰를 받고 있다는 기사였다. 일본은 아베라는 지도자를 잘 만나 잃어버린 20년의 공백을 회복해가고 있다. 아베는 2006년 53세 최연소로 총리에 임명되어 1년간 지냈으며, 2012년 보수파인 자민당이 승리하면서 96대 총리, 97대 총리를 하고 있다. 이렇게 연임하게 된 가장 큰 이유는 아베노믹스에 있다. 1980년 버블경제가 붕괴된 후 일본은 장기불황에 빠져들면서 잃어버린 20년이 되어버렸고 2011년 대지진과 후쿠시마원전 사고로 일본이 휘청거렸다.

2012년 총리에 다시 당선되면서 일본은행 총재를 강제로 축출하면서까지 엔화를 마구 풀어대는 아베노믹스를 진행했다. 시중에 돈을 풀기 위해 국채와 민간 채권을 닥치는 대로 매입하면서 엔화의 가치가 하락하고 일본제품의 수출경쟁력이 강화되면서 수출의 증대와 경기활성화의 효과를 보게 된 것이다. 2012년 엔화 환율이 80엔이었는데 2015년 124엔으로 떨어졌으니 효과를 단단히 본 셈이다. 아베는 이러한 국민의 신뢰를 바탕으로 자위

권을 행사할 수 있는 헌법 개정을 추진하는 등 선조들의 정신과 평소 자기의 신조를 정책에 반영하고 있다.

아베는 침략전쟁을 부인하고, 야스쿠니 신사 참배, 역사교과서 왜곡, 위안부 문제에 대한 사과 거부, 독도영유권 주장 등 하나하나 착착 진행하고 있다. 고노담화(위안소 설치 및 위안부 강제징집 인정 사과한 담화)와 무라야마 담화(종전 50주년을 맞아 식민지 지배와 침략역사 인정 사죄 담화)를 폐지하자고 주장한 인물이기도 하다. 위안부의 경우 인신매매 피해자들이라고 궤변을 늘어놓는가 하면 "위안부 피해자들에게 사죄편지를 보낼 용의는 없느냐?"는 일본 의원의 질문에 "우리는 털 끝 만큼도 생각하지 않고 있다."라고 답변하기도 했다.

그리고 미국 언론과 인터뷰 하면서 "야스쿠니 신사와 미국의 알링턴 국립묘지하고 뭐가 다른가?"라고 망언을 한 인물이다. 이러한 인물이 국민의 지지를 등에 업고 자민당에서 아베총리의 임기를 3년 연장하여 2021년 9월까지 일본을 이끌게 됐다. 아마도 러시아 쿠릴열도 2개 섬에 대하여 반환을 받으면 3번 임기가 보장될 것은 분명하고, 헌법 개정도 확실시되고 있다.

중국을 보자. 시진핑이 2013년 3월 국가주석에 취임하면서 취임사를 통해 중화민족의 위대한 부흥을 주장했다. 중국의 꿈(中國夢)을 실현하자고 역설을 하였다. 국정목표로 선정하여 온 인민이 이를 실현하는데 사명과 임무라고 주장하고 실현하는데 매진하고 있다. 공산당 창당 100년이 되는 2021년 중화인민공화국 건국 100년이 되는 2049년을 맞아 부강한 사회주의의 현대국가를 달성, 선진국 진입을 하여 세계의 맹주로 패권을 갖겠다는 포부를 갖고 일로 매진하고 있다.

중국은 이미 GDP 2위의 국가가 되었다. 우리나라의 중국수출은 2016년도에 26%에 달하고 있다. 우리나라의 1/3이 중국에 의지하고 있는 셈이다. 중국은 우리나라의 국정이 표류하고 있는 틈을 타 무차별적으로 우리나라를 압박하고 있다. 한국산 설탕에 대하여 긴급수입제한 조사를 했고, 중국 내 1위인 한국산 폴리실리콘에 대하여 반덤핑조사를 벌이겠다고 하고, 한국산 제품에 대하여 관세율을 높이겠다고 으름장을 놓고 있다. 그리고 조제분유 규제를 대폭 강화하고, 화장품에 대해 품질관리규정을 새롭게 시행해 한국산 수입을 어렵게 하고 있다.

전기차 배터리 생산기업 인증 강화로 LG화학과 삼성SDI가 어렵게 되고 있다. K-POP 등 한국문화, 예술에 대하여도 몽니를 부리고 있다. 그리고 유커들의 한국여행자 수도 20% 이상 급감하고 있다. 아시아의 맹주로 수천 년 동안 지위를 누려오다가 1895년 청일전쟁에서 일개 섬나라인 일본에 패한 것은 얼마나 충격적인 사건이었나? 중국인들에게는 기억하고 싶지 않은 사건이었을 것이다. 평화굴기(平和屈起)의 정책처럼 숨을 죽이고 살아오다가 등소평의 개방정책으로 중국이 부강하면서, 시진핑이 정권을 잡자마자 몸이 근질근질한지 움직임이 빨라지고 있다.

남중국해 국경분쟁과 사드배치를 놓고 첨예하게 미국과 다투고 있다. 시진핑의 중국의 꿈, 즉 중국몽(中國夢)은 100년 전의 잃어버린 패권을 되찾겠다는 것이다. 일본도 잃어버린 20년을 찾고 있듯이 중국도 잃어버린 패권을 찾고 있다. 인근 강대국 두 나라는 잃어버린 것에 대하여 그 뜻을 이루고 있는 듯하다. 시진핑의 임기가 10년이니까 2022년까지인데 공무원 부패척결 등 정책의 인기에 힘을 얻어 임기를 5년 연장할 수 있게 추진한다는 소리도 들리고 있다.

이렇듯 주변강대국들은 지도자를 잘 뽑아 자국의 이익과 번영을 위해 한발 한발 잘 나아가고 있는데, 우리나라는 매일 싸움이나 하고 있고 뒷걸음질 치고 있으니 답답할 따름이다. 거기에 미국 대통령으로 당선된 트럼프는 미국우선주의를 내세워 보호무역주의를 강하게 들고 나오니 우리나라는 그야말로 사면초가 상태이다. 어떻게 해야 이 나라가 일본과 중국처럼 재도약할 수 있을까?

〈2016. 12. 01.〉

보수와 진보

선거철이어서 그런지 매스컴에서 보수, 진보, 우파, 좌파 등으로 편 가르기가 심화되고 있는 것을 볼 수 있다. 며칠 전 저녁을 먹는 자리에서 한 사람이 왜 자꾸 매스컴에서 보수 진보를 따지느냐며 불편한 심정을 표출한 분이 있었다. 우리 평범한 사람은 보수, 진보, 우파, 좌파하고는 하나도 상관이 없다는 것이다. 보수나 진보를 주장하는 사람들은 일부인데, 국민 전부가 보수 진보로 나뉘어 있는 것처럼 이야기 하면 안 된다는 주장이었다.

조선의 4색 당파 싸움으로 거슬러 올라가면 해답이 나올 듯싶다. 조선왕조 초창기에 훈구파(勳舊派)와 사림파(士林派)가 있었다. 개국 공신세력인 훈구파를 몰아내고 정권을 잡은 사림파는 끊임없이 분열했다. 최초 동인, 서인으로 나뉘어졌다가 동인에서 남인, 북인으로 나뉘었고, 서인은 노론, 소론으로 나뉘어 4색 당파 싸움이 시작되었다.

조선 건국 초기에는 개국공신들이 있었으나 정파 싸움이 없었다. 수양대군이 단종을 몰아내고 왕권을 잡으면서 이를 도운 훈구세력이 권력을 독점하였고, 성종이 즉위하면서 훈구세력을 견제하기 위해 선비 세력을 등용하고자 김종직을 불러들여 사림파를 키웠다. 훈구파와 사림파가 대립하면서 그 충돌로 이어진 것이 4대 사화이다. 1498년의 무오사화, 1504년의 갑자사화, 1519년의 기묘사화, 1545년의 을사사화가 그것이다.

4대 사화 뒤 선조가 즉위하면서 사림파가 정권을 완전히 장악하지만 사림파에서 동인, 서인이 나뉘고 다시 남인 북인, 노론 소론으로 파가 갈라졌다. 그중 당파 싸움으로 우리나라에 최대 피해를 준 일이 있었다. 일본 통신사로 다녀온 신하들 중 서인은 "일본이 쳐들어 올 것이다"라고 주장한 반면 동인은 "일본은 쳐들어오지 않는다."라고 주장했다. 나라를 말아먹은 당파싸움이었다. 당파 싸움을 하면서 정권을 잡는 일에만 혈안이 되어 있었지, 외국에서 우리나라를 쳐들어오는지에 대해선 아예 걱정을 하지도 않았다.

무능한 선조와 그 신하들은 의주로 피신했지만 일본이 쳐들어와서 그 피해는 누가 보았는가. 백성들이 모든 피해를 보았지만 이에 대하여 선비들은 누구하나 책임을 지지 않았다. 오히려 1604년 임진왜란이 지나고 공신 104명을 발표했는데 대부분 피난을 갔을 때 선조와 같이 동행한 선비들이었고, 의병장인 곽재우, 조헌, 고경명, 김천일 등은 한 명도 공신 명단에 넣지 않았다니 참으로 어이가 없는 노릇이다.

선조가 의주로 피난하면서 쓴 龍灣書事

傷心鴨水風 압록강 강바람에 내 마음이 상하네
朝臣今日後 조정 신하들이여 오늘 이후에도
寧復更東西 또 동인 서인하며 싸울 것이오?

이렇게 한탄을 하였다.

임금의 무능과 선비들의 당파싸움으로 나라를 그 지경으로 만들어 놓고 뒤늦게 후회한들 무슨 소용이 있는 것인가. 조선시대의 훈구파 사림파, 동인 서인의 숫자는 몇명 이었을까? 조선시대 백성들은 훈구파 사림파 동인 서인으로 분열되지 않았다. 권력을 잡은 몇 명만이 그런 파당을 일삼은 것이다. 권력을 잡은 사람들은 권력을 놓치지 않으려고, 반대 세력은 권력을 빼앗으려고 피 튀기게 싸우다 보니 무슨 파 무슨 파로 분열돼 서로 싸운 것이다. 일반 국민들과는 아무 상관도 없는 일이었다.

구한말에도 정치권은 주변 열강들을 이용해 정권을 서로 잡으려 하다가 결국은 나라를 통째로 일본의 손아귀에 빼앗기고 말았다. 지금 우리나라 형국을 보면 구한말 시대와 비슷하다고 주장하는 학자들이 많다. 북한은 핵무기를 만들어 실험을 계속하고 있다. 중국은 사드와 관련하여 전방위 보복을 하고 있다. 일전에 인민일보에서 "중국이 미국과 충돌이 있을 경우 한국은 첫번째 공격 대상이다."라고 했다. 러시아는 사드가 배치되면 일정한 조치를 취할 것이라고 했다. 일본은 헌법을 개정해 전쟁을 할 수 있게 추진하고 있다. 독도영유권을 주장하고, 소녀상 설치를 빌미로 한일 통화스왑 협약을 일방적으로 파기시켜 버렸다. 미국은 주한 미군 주둔을 빌미로 압력을 넣고 있고, 보호무역추진으로 우리나라를 어렵게 하고 있다.

그러나 정치권은 누구 하나 이에 대하여 대안을 제시하고 해결하려는 사람은 없고 오로지 정권을 잡기 위해 몸부림을 치고 있다. 과거 역사를 살펴보면 정권을 잡으려고 서로 싸우다가 나라를 잃어버리는 일을 되풀이하였다. 국론 분열은 외국에게 좋은 먹잇감이 되었던 것이다. 이제 그런 일을 당하지 않으려면 국민들이 현명해져야 한다. 조선의 역사에서 나라를 구한 것은 정치 권력자들이 아니었고 국민들이었다.

오늘은 입춘이다. 입춘하면 입춘대길(立春大吉) 건양다경(建陽多慶)의 입춘방 문구가 떠오른다. 봄이 오니 크게 길하고, 경사스러운 일이 많이 생기라는 뜻인데, 봄을 맞아 우리나라 국운도 대길하고 다경했으면 좋겠다. 그렇게 기원해보자.

〈2017. 02. 04.〉

안중근 의사

안중근 의사가 뤼순 감옥에서 남긴 여러 작품 중에 하나를 집안에 걸어두면 좋을 것 같아서 안중근 의사가 쓴 보물 제569-1호를 필체대로 나무에 새겨서 걸어 놓았는데 실수한 것을 나중에 발견했다. 기계로 된 조각 도구가 없었는데 일전에 예산에서 개최된 전국산림박물관 대회에서 조각 도구를 사서 시간 있을 때마다 처음으로 안중근 의사의 글씨를 새겼는데 조각을 잘 못 했다. 실수한 조각을 버릴 수도 없고 다시 파야겠다. '百忍堂中有泰和' 인데 中자는 생각지 않고 있을 有자가 있으니까 '백번 참는 집에 태평과 화목이 있다.' 라는 해석을 미리 해서 中자를 빼먹었다. 안중근 의사가 알면 이놈 했을 것이다.

107년 전 오늘이 안중근 의사가 재판에서 사형선고를 받은 날이라 숙연해지는 느낌이다. 안중근 의사의 업적을 되새겨 보는 계기가 되었다. 사형이 집행되기 전 사진을 보면 32세

의 나이였는데도 얼마나 의연한지 모르겠다. 오늘날 32세 나이와 비교할 수 없을 정도로 차이가 난다.

안중근 의사에 대하여 요약해보면 1879년 황해도 해주에서 태어났다. 1904년 러일전쟁이 일어나자 민족적 위기감을 느껴 국제정세에 관하여 지식을 습득했으며 큰 포부를 가지고 상해로 망명하였다. 상해에서 프랑스 신부에게 교육의 중요성을 사사 받는다. 1906년 부친이 별세하여 귀국하였다.

진남포에서 석탄상회를 경영하였고 삼흥학교와 남포의 돈의학교를 운영, 교육에 전념하였다. 1907년 국채보상기성회 관서지부를 조직하여 보상운동을 주도적으로 이끌었다. 이때부터 항일운동을 몸으로 뛰기 시작했다. 7월 한일신협약이 체결되자 연해주로 망명하였고, 블라디보스크에서 한인청년회를 이끌며 의병부대를 조직 300여 명이 국내 진군 작전을 펼쳤다. 1908년 독립군 아령지구 군사령관으로 함경북도 홍의동 전투와 경흥의 전투를 승리했으나 회령전투에서 패해 다시 러시아로 돌아갔다.

1909년 러시아 노브키에프스크에서 11명과 함께 단지회(斷指會)라는 비밀결사조직을 결성한다. 안중근과 엄인섭은 이토히로부미, 김태훈은 이완용을 암살한다고 단지의 피로써 맹세하고 3년 안에 실천을 못하면 자살한다고 약속을 한다. 1909년 10월 26일 이토히로부미와 러시아 대장 코코프체프가 열차에서 30여 분간 회담을 하고 내려서 러시아 의장대를 사열하고 열차로 향하는 순간 안중근 의사가 뛰어 나오며 권총으로 이토히로부미를 쏴서 3발을 명중하여 사살시켰다.

1910년 2월 14일 오전 10시 30분에 개최된 일본 관동도독부 지방법원에서 안 의사에게 사형이 선고된다. 107년 전 오늘이다. 1910년 3월 안중근 의사의 사형이 집행되었다. 이토히로부미를 사살하고 러시아 감찰단의 예비 심문에서 한국의용병 참모총장, 나이 31세로 자신을 밝혔고 거사 동기의 질문에 "이토가 대한의 독립주권을 침탈한 원흉이며 동양평화의 교란자이므로 대한의용군사령의 자격으로 총살한 것이다. 안중근 개인자격으로 사살한 것이 아님을 밝힌다."라고 말했다. 일본 관동도독부 지방법원에서 열린 재판은 판사도 일본인, 변호사도 일본인, 검사도 일본인, 방청객도 일본인인 형식적 재판이었으니 안중근 의사의 심정이 어떠했었을까. 그래서 공소도 포기했단다.

안중근 의사의 시신은 아직도 찾지 못했다. 그 이유는 안중근 의사의 시신이 한국에 가면 거센 항일운동이 일어날 것을 우려해 일제가 시신을 다른 수감자 시신과 함께 암매장해 버렸기 때문이란다. 1909년 2월 7일 단지회 회원 12명이 "나라를 위해 몸을 바칠 것을 오늘 우리 모두 손가락을 끊어 맹세하자" 라며 각자의 손가락을 끊었다. 안중근 의사의 자서전에는 "태극기를 펼쳐 놓고 왼손 무명지를 자른 뒤 생동하는 선혈로 태극기 앞면에 '대한독립'이란 넉자를 크게 쓰고 대한민국 만세를 세 번 불렀다."라고 기록했다.

죽음 며칠 전 정근, 공근 두 아우에게 "내가 죽거든 시체는 우리나라가 독립하기 전에는 반장(返葬)하지 마라. 대한독립의 소리가 천국에 들려오면 나는 마땅히 춤을 추며 만세를 부를 것이다."라고 유언을 했다. 안중근 의사는 젊은 나이에 국가를 위해서 동분서주 뛰어 다녔으며, 손가락을 절단하면서까지 조국의 독립에 대한 열정을 불태웠다. 31세 젊은 나이에 거사를 실행하여 세계만방에 대한민국의 독립의지를 펼쳤다. 특히 중국에 지대한 영향을 끼쳤다. 오늘 안중근의사의 사형 선고일인데 그때 안 의사의 조국에 대한 열정과 비교하여 오늘날 나라를 위한다며 떠드는 위정자들을 바라보면 안타깝다.

우리나라가 이렇게 시끄럽고 위기라고 하는데, 안중근 의사가 일어나서 한마디 한다면 무어라고 말할까. 위정자들은 안중근 의사의 조국사랑의 반의 반만이라도 닮고, 국민들 앞에서 말로만 떠들 것이 아니라 안 의사처럼 행동으로 보여주길 간절히 바랄 뿐이다.

〈2017. 02. 14.〉

대통령 탄핵을 보면서

각종 언론에서 대통령 탄핵에 대하여 대서특필하고 있다. 아주 많은 이야기들을 하고 있는데 나는 우리가 살고 있는 동네 이야기를 하고 싶다. 그렇게 수개월 동안 온 나라를 들끓게 했던 탄핵이 드디어 막을 내렸다. 이번 사건을 계기로 서로가 촛불과 태극기로 나뉘어 우리나라를 보수와 진보로 완전히 바꾸어 놓은 인상을 받았다. 옛날 조선시대에 훈구파 사림파가 동인 서인으로 다시 남인 북인 노론 소론하면서 사색당파로 조선을 시끄럽게 했던 역사를 갖고 있다. 그 당시 사색당파가 조선시대 백성 중에 몇 명이나 해당되었을까. 백성들은 사색당파가 무엇인지 알지도 못했

을 것이고 왕 주변의 권력을 가진 몇 명이 권력을 찬탈하기 위해서 만든 일이었다.

지금 보수 진보로 나뉘어 다투고 있는데 우리나라 국민들 몇 명이 보수 진보로 나뉘어 있을까. 수년 전만 해도 보수 진보는 일반대중하고는 먼 이야기였다. 그저 일부 말 많은 정치인들과 언론에서 떠들 뿐이었다. 그런데 이번 탄핵을 계기로 전 국민이 보수와 진보로 나뉜 느낌을 받았다. 매스컴이 발달하고 SNS를 통해 자유롭게 실시간으로 의견이 교환되다 보니 의견이 대립되고 자연스럽게 너는 보수 쪽, 나는 진보 쪽으로 나뉘어져 대립하는 것 같다. 내가 가입된 카톡방에서도 의견 대립이 심했다. 이건 아니다 싶은 생각이 들었다. 의견 대립이 객관적인 팩트에 의존하지 않고, 카더라~하는 떠도는 말에 의존해 이루어지고 있음을 느꼈다.

나라를 위한답시고 정권을 차지하려고 하는 위정자들을 대변하다가 서로의 사이가 소원해지는 것을 보면서 세상이 예전과 많이 다르다는 것을 느끼고 있다. 나라를 위해서 서로가 의견을 주고받는 것은 발전적이지만, 도를 넘어서 나와 같은 생각을 하지 않으면 적으로 간주하는 지경까지 이르는 것은 서로의 발전에 득이 되지 않는다. 특히 시골에서 매일 부딪히는 현실에서는 더욱 그렇다.

대통령 탄핵을 보면서 나 개인적으로 '그렇게 대통령이 좋고, 하고 싶을까?' 하는 생각을 해본다. 우리 역사상 대통령을 그만두고 존경받는 인물은 거의 없다. 지금 후보들 중에 대통령 임기를 마친 뒤 평가에서 국민들로부터 존경을 받을 인물이 있을까. 그럼에도 대통령을 하려고 하는 이유는 우리나라 국민들 인식 속에는 대통령을 권력으로 보고 있기 때문일 것이다. 유럽의 선출직처럼 희생과 봉사 정신으로 인식하지 않고 오로지 권력으로만 여기고 있기 때문이다. 대통령뿐만 아니라 지방자치단체장이나 의원들도 마찬가지이다. 앞으로 주민을 대표하는 사람들이나 국민을 대표로 하는 사람들은 머릿속에 권력이라는 단어를 빼내고 봉사와 희생이라는 단어로 개조시켜야 나라가 제대로 돌아갈 것이다.

요즘 기러기들이 무리를 지어 오가는 모습을 흔히 볼 수가 있다. 보통 기러기들은 수백 마리가 무리를 지어 생활하고 있다. 그리고 날아갈 때에는 V자 형태로 날아간다. 이는 V로 날면 뒤 따르는 기러기들이 훨씬 힘이 덜 들어 날아가기 쉽기 때문이다. 이런 배려 속에 기러기들은 수천㎞를 이동할 수가 있다. 함께 하고 같이 가야 멀리갈 수 있다는 진리가 포함되어 있다. 하물며 날 짐승도 이렇게 함께하고 같이 가며 종족을 번성시키는데 작금 우리 인간들은 이렇게 기러기처럼 함께하고 같이 가지 못하는 것은 기러기보다 똑똑해서일까.

새벽에 운동을 하고 집에 오는데 기러기 세 마리가 나는 것을 보고 문득 우리나라 형국이 아닌가 하는 생각이 들었다. 왜 세 마리가 기러기 무리에서 떨어져 외로이 날고 있을까? 기러기가 세 마리인 이유는 한 마리가 다치면 내버려 두지 않고 한마리가 먹을 것을 찾아주고 한 마리는 망보기 위해서 세 마리가 낢기 때문이다. 상처가 나으면 무리에 합류한단다. 이런 것을 보면 사람보다 똑똑한 것 같다. 우리나라는 지금 기러기 세 마리 형국인데 하루빨리 나라가 안정을 되찾아 세 마리가 무리에 합류하는 것처럼 안정된 보금자리로 들어갔으면 좋겠다.

이미 탄핵이 결정이 되었으니, 탄핵이 되었다고 환호하거나 막지 못했다고 충돌하지 말아야 한다. 보수, 진보, 네 편, 내 편 따지지 말고 기러기 정신처럼 온 국민이 함께하고 같이 가야 막나가는 북한을 막을 수 있고, 발길질하고 있는 중국과 일본을 막을 수 있다. 우리나라의 분열을 이들이 원하고 있는지 모를 일이다. 일찍이 동서고금을 막론하고 내부분열로 나라가 망하는 일이 너무나 많았다. 자중지란이 최고의 적이라는 교훈을 되새겨야 할 것이다.

〈2017.3.11.〉

수소폭탄 핵실험을 성공했는데도

어제 모 방송사에서 북한의 핵 도발에 대하여 토론을 하는데 한 패널이 하도 기가 막힌 이야기를 하는 것을 듣고 이 나라가 어떻게 가고 있는지 걱정이 이만 저만이 아니었다. 방송에서 하는 말이 북한이 개발한 핵폭탄을 남한을 향해서 쏘지는 않는다는 것이다. 더군다나 사회자도 덩달아서 북한에서 설마 남한으로 쏘겠냐고 하는데 기가 찰 노릇이었다. 그 말대로라면 북한은 왜 그렇게 집요하게 핵을 개발하고 미사일을 개발하고 있는지 모르겠다. 북한 김정은은 금년도 8월에 백령도, 연평도 점령 특수부대 훈련을 참관했다. 그 자리에서 "서울을 단숨에 타고 앉으며 남반부를 평정할 생각을 해야 한다."라고 했다.

김정은은 호시탐탐 남한을 손에 넣으려고 저렇게 발버둥 치고 있는데 공영방송에서 한다는 소리가 "설마 우리에게 쏘겠어요?"라고 하니 지도급이 저런 정신상태라면 국민들이 누구를 믿고 살라는 것인지 궁금하다. 일본 아베 정부는 한반도 유사시 자국민 철수 계획을 수립하고 있다. 서울에서 부산항까지 자국민을 이동시키기 위해 주한미군과 협의 중이라고 한다. 아베가 트럼프와 전화 통화하면서 이 문제에 대하여 부탁했는지도 모를 일이다. 우리가 볼 때 너무나 얄밉지만 일본인들이 볼 때 자기들을 보호하려는 정부를 어떻게 생각할까?

엊그제 북한에서 ICBM을 발사했을 때 일본은 바로 대피하라는 방송을 하고, 달리는 기차를 멈추게 하는 등 신속한 대응을 보였다. 우리는 방송을 통해서 북한이 미사일을 쏘았다는 사실을 알았다. 6.25전쟁이 터지면서 북한군이 예산군 신례원으로 내려오면서 대포소리가 나는데도 아버님이 노래를 부르면서 모를 심으셨단다. 그 이유는 공산군이 내려오면 골고루 잘 살게 해준다고 들었기 때문이었다. 그런데 막상 북한군이 내려와서 저녁마다 인민교육 회의에 참석해야 했고 인민재판에서 죽창으로 사람을 찔러 죽이는 것을 보면서 '아! 공산주의가 이렇구나.' 하는 실상을 경험했다고 하셨다. 그런 경험을 하신 분들이 이 방송을 봤으면 어떤 생각을 했을까?

2010년도 연평도 포격 사건이 있었고, 지금 백령도 연평도 점령 훈련을 하고 있는 상황에서 공영 방송에서 그런 이야기가 나온다는 게 참으로 의아스럽다. 만약에 우리 대통령이 북한 김정은처럼 핵개발 하는데 참관하고 미사일 쏘는데 참관하고 평양 점령 훈령에 참관한다면 국민들은 어떻게 볼까? 북한은 예전에 핵개발을 하다가 들키자 6자회담에 가입하여 핵개발을 포기하는 척하는 제스처를 써왔다. 북한의 핵개발, 미사일 개발은 김정은 정권부터 이루어진 것이 아니다. 김일성, 김정일 정권에 이어서 수십 년 동안 이루어진 산물이다. 그런데 우리 정부에서는 북한은 핵개발할 능력도 없고 설마 핵개발을 하겠느냐고 했다.

그런데 그 예상은 완전히 빗나가 지금까지 6차 핵 실험을 해오고 있다. 더군다나 수소폭탄을 개발했고 소형 핵무기를 개발해 놓은 상태라고 한다. 그럼 그 소형 핵무기들은 한국을 겨냥하지 않고 어디를 겨냥하고 있는지 묻고 싶다. 엄청난 돈을 북한에 퍼

주고 수소폭탄 개발이라는 큰 선물(?)을 받은 이 상황에서 지금도 정신을 못 차리고 대화만 주장하고 있는 꼴이란.

〈2017. 09. 05.〉

사드 배치

말도 많던 사드 배치가 완료되었다. 사드 배치로 인해 중국의 말도 안 되는 압박을 통해 우리의 국력을 확인하게 되었다. 우리나라 자력으로는 도저히 북한을 통제할 수도 없고 어찌 보면 오히려 북한에 끌려가는 형국에 처해 있고 중국의 저질 행동에 대하여 한번 항의도 하지 못하고 있다. 어떤 분의 이야기를 들어보면 사드를 배치한다고 해서 중국에 피해가 가지 않는 것을 분명히 알면서 한국에 그렇게 압력을 가하는 것은 한류의 영향이 크다는 것이다. 중국은 아직 폐쇄된 사회 구조를 갖고 있다. 그런데 한류가 무차별적으로 들어오니 정치권에서 사드를 빌미로 제재하고 있다는 것이다. 더군다나 우리나라 내에서 국론이 분열되고 있으니 중국에 좋은 빌미를 주고 있는 것이다.

우리나라 일부 국회의원들이 사드 전자파는 인체에 치명적 영향을 준다거나 사드 전자파 밑에서 내 몸이 튀겨질 것 같아 싫다고 한 의원도 있다. 그렇게 성주 주민들과 함께 사드 배치 반대를 외치던 국회의원들은 오늘 사드가 배치되는 성주 현장에는 한 명도 없었다. 이미 정치적 목적을 달성했기 때문이 아닌지 모르겠다. 지금까지 우리나라에서 이루어지는 현상을 보면 무슨 일이 있을 때마다 정치적으로 이용되는 일이 연이어 발생한다. 광우병 파동 때 일부 정치인들은 또 무어라 했던가. 광우병 사태가 지나가고 지금 잠잠해졌는데 그렇게 반대하던 분들이 지금 아무 말을 하지 않고 있다.

잘못된 부분은 바로 잡는데 역량을 집중해야지 정치적으로 이용한다면 우리나라의 미래를 위해서는 전혀 도움이 되지 않는다.

그런 일이 발생할 때마다 사회적 비용이 어마어마하게 들어가기 때문이다. 지금까지 들어간 사회적 비용이 수십 조 원이라고 발표한 언론도 있었다. 그런 비용에 대하여 누구하나 정치권 보고 비용을 내라고 하는 국민은 없다. 사드 배치가 일부 정치권 때문에 늦어서 우리나라가 엄청난 손해를 보게 되었는데, 그 비용을 정치권에 청구하여야 한다. 그래야 앞으로 정치적으로 이용하는 사례가 사라질 것이다. 누가 나서서 그렇게 해 보았으면 하는 바람이다.

〈2017. 09. 07.〉

공공비축미 지급금 환급 사태를 보면서

'공공비축미곡 우선지급금 환급내역 안내'라는 통지서 때문에 농민들이 고민에 빠져있다. 16년산 미곡에 대하여 정부가 우선 지급을 했는데 차액에 대하여 농민 22만 명에게 금년도 12월 말까지 환급하라고 통지하였다. 돈을 주었다가 다시 뺏는 상황이니 농민들이 당황할 수밖에 없다. 특등은 kg당 890원, 1등은 860원을 반납하여야 하는데 충남은 환급률이 약 28%정도이다. 환급하여야 하는 이유는 WTO 규정상 정부가 양곡을 매입할 때는 매입 당시 시장가격으로 사야하며 만약 정부가 초과 지급액을 반납 받지 못하여 시장가격보다 높은 가격으로 양곡을 매입하게 되면 WTO 규정을 위반한다는 것이다.

정부가 공공비축미 환급 결정 이유로 WTO 규정을 들었지만, 변동직불금도 1조 4977억 원이 산정되었지만 WTO 규정상 1조 4900억 원 이상 줄 수가 없어 77억 원을 삭감하여 지급했다. 올해 쌀값이 지난해보다 다소 올랐는데 농민들의 이야기를 들어보면 시장가격을 올리기 위하여 정부에서 비축미를 시장에 풀지 않고 있다는 주장이다. 시장 가격은 10월부터 1월까지 시장가격으로 결정하도록 법에 명시되어 있다. 직불금은 목표가격에 미달하는 경우 지급하는 보조금으로 현재 목표가격은 80kg당 18만 8000원으로 5년간 고정되어 있으며 18년부터는 목표가격을 다시 결정하여야 한다. 목표가격에 시장가격이 미달 시에는 그 차액의 85%를 지급하는 제도이다.

16년산은 시장가격이 12만 9711원으로 폭락하면서 직불금 지급액이 15년산보다 배 이상 뛰게 되었다. 쌀 가격이 17만 원대이면 변동직불금이 거의 없고, 15만 원대면 7천억 원 정도, 12만 원대면 1조 4900억 원을 다 풀어야 한다. 정부는 WTO 규정을 지키면서 쌀값을 안정화 하여야 하는 고민에 빠져 있다. 농림식품부 장관이 "선 지급금 없이 확정가로 매입하고, 매입 가격을 높여 달라."고 농협에 당부한 것을 보면 농민들의 이야기가 설득력이 있다고 판단된다.

내년도에 법을 개정하면서 물가상승률과 쌀 생산비용 증가분을 반영하여 상향 조정하여야 하는데 정부에서 예산을 증액 반영해도 예산을 집행할 수가 없어 난관에 봉착하게 된다. 이낙연 국무총리가 쌀값 대책에 대하여 "재정부담도 커질 것이고, 그런 농정은 바람직한지 고민해야 한다."고 한 적이 있다. 쌀 소비는 1인당 60kg 이하로 떨어지고 있는데 의무 수입되는 쌀은 매년 41만 톤에 달하고 있다. 정부는 대책을 내놓겠다고는 하나 해결의 실마리는 없어 보인다. 그러는 사이 지금 쌓여 있는 쌀이 230만 톤이 넘고 있지만 농업 구조의 복잡성 때문에 해결할 수 있는 방법은 많지가 않다.

정부가 내년부터 쌀 생산 조정제를 실시하여 농경지 10만 ha를 줄인다고 하나 농민들의 반응은 글쎄다. 그렇다면 쌀 소비 축소 등을 이유로 정부에서 WTO와 재협상을 하든지, 안 된다면 제일 좋은 방법은 농업진흥지역의 면적을 줄이는 것이다. 지역경제과장 시절 송산 2산단 승인을 받는데 절대농지 면적이 약 45%가 들어가 농림부 담당 과장이 절대 승인을 해줄 수 없다고 하였지만 원안대로 통과 시킨 적이 있었다. 그 당시 담당 사무관들하고 이야기 하면서 당진의 경우 평야도 아닌 산골의 다랭이 논까지 절대농지로 관리하면 되냐고 불만을 표시한 적이 있었다. 담당 사무관의 답변이 황당하였다. 충남의 공무원들은 시키면 시키는 대로 하여 산골의 논까지 넣어서 그랬다는 것이다.

지금은 외곽의 5ha 이하 미경지정리 지역은 해제 요청을 할 수 있지만 해제기준이 너무나 미약하다고 본다. 일부 진흥지역을 해제하여 오고 있지만 오히려 쌀값은 떨어지고 있다. 어떻게 보면 생색내기에 불과한 것이다. 예를 든다면 진흥지역에 태양광 설치 등도 검토해볼 만한 시책이다. 잡종지인 논에 태양광을 설치하여 쌀농사보다 높은 소득을 올리는 농민도 있다. 이처럼 해제 기준을 완화하여 농지로 보존을 하지 않아도 되는 농지를 해제하여 준다면 쌀 대책의 염려를 다소나마 줄여주지 않을까 생각해 본다.

〈2017. 10. 31.〉

제2부 경제

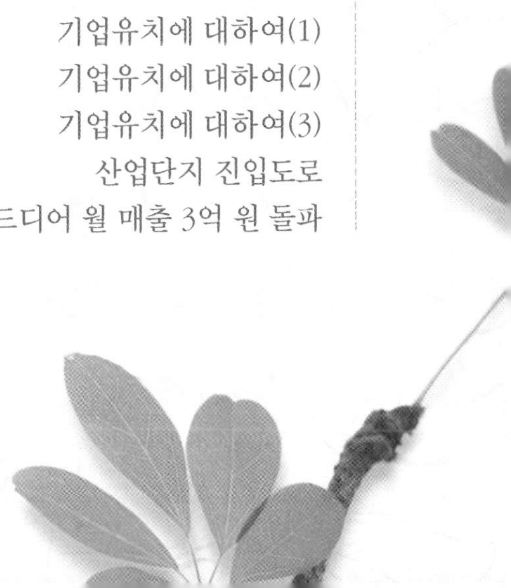

먹고 산다는 것

퇴직하고 선거전에 돌입하면서 바쁜 나날을 보내다가 집에 있으려니 한없이 게을러진다. 잠은 늦게까지 자지는 않지만 아침에 마땅히 할 일이 없으니까 게을러지게 마련이다. 윗집 할아버지 할머니는 새벽부터 저녁까지 일하는데 말이다. 윗집 할아버지는 나이가 91세인데 지금도 경운기를 끌고 다니신다. 나는 경운기 운전은커녕 그 나이까지 살지도 의문인데 말이다. 워낙 부지런히 사시는 분들이라 이웃에서 본받아야 하는데 십분의 일도 따라가지 못하고 있다. 집 주변도 제대로 관리도 못하고 왔다갔다만 하고 있으니 내가 한심스러울 때가 있다.

직장 생활을 하면서 시간되면 주변 조경을 내가 직접 멋지게 설계하여 그대로 실현하는 게 작은 꿈이었었다. 지금도 앞의 밭을 보면서 머릿속에 설계는 부지런히 하고 있지만 아직 실천은 못하고 있다. 현재는 읍 · 면 · 동에서 나를 도와주고 자원봉사 해주셨던 분들을 만나면서 고마웠던 마음을 전하고 있는데 아직 마무리는 되지 않았다. 시간을 가지면서 해야 할 것 같다. 나를 아껴 주셨던 분들 중 수시로 전화를 해서 격려를 해주시는데 대하여 진심으로 고마운 마음을 갖고 있고, 더욱 열심히 살아야 한다고 결심을 하곤 한다.

일단은 몇 개월 쉬어보고 일할 것이 있는지 찾아보자고 했는데 게을러지는 나 자신을 보니까 도저히 안 되겠다는 마음이 든다. 먹고 사는 문제를 떠나서 더 게을러지기 전에 뭔가는 찾아서 일하고 싶다. 돈도 벌어서 멋지게 써보는 인생 한번 살아보고 싶다.

〈2014. 07. 03.〉

새로운 인생을 위하여

공직에 있을 때 직원들에게 이런 이야기를 자주하였다. 공직생활 30년, 퇴직해서도 오래 살면 30년. 현직에 있을 때부터 공무원끼리 놀지 말고 일반인들과도 사귀라는 말을 많이 했다. 공직생활은 싫으나 좋으나 직장에 나가서 부딪히면 되지만 퇴직 뒤에는 나가야 할 곳이 없으니 기댈 곳이 없다. 그래서 퇴직 후의 삶이 중요하다고 강조하였던 것이다. 퇴직하고 오랜 기간 과연 무엇을 하고 살아야 할까? 공직생활 동안 나도 많은 고민을 했었다. 공직 선배들을 보면 반면교사가 되기 때문이다.

경제 부서에 있을 때 기업에 자주 다니다 보면 공직선배들이 경비를 비롯해 다른 일 하는 것을 자주 보았다. 농사일을 열심히 하시는 분들도 있었다. 그 모습이 아름다워 보였다. 이제 나도 퇴직을 하여 어떻게 될지는 모르지만 오랜 여생(?)을 살아야 하는 과정이 남아있다. 공직에 있을 때 직원들에게 내가 했던 말이 현실이 되었다. 내가했던 말을 내가 실천해야 할 때가 온 것이다. 현직 때는 공직 하나만 생각하다가 이제는 세상의 다양한 삶과 공존해야 한다. 다양한 사람과 만나고 다양한 사고방식에 젖어야 한다. 세상과 아름답게 동행을 해야 할 때가 온 것이다. 아름다운 인생을 위하여 아름답게 살지는 모르지만 최대한 노력은 해야겠다.

〈2014. 07. 28.〉

사업을 하면서

사업을 시작한 지도 4개월이 지났다. 선거가 끝나고 집에 있으면서 한 6개월이나 일 년 정도를 쉬어 봐야겠다고 마음을 먹었다. 30년 이상 직장을 다니면서 쉬어 보지 못했으니까 한번 마음껏 쉬어봐야겠다 마음먹고 쉬어 보는데, 아침에 늦게 일어나고 할일이 없으니까 너무나 게을러지는데 문제가 심각해지는 느낌이 들었다. 이래서는 안 되겠다 싶었고 무언가는 해야겠다는 생각을 했는데 집에서 쉬니까 몇 군데에서 사업을 같이 하자는 제안이 들어와서 검토 끝에 사업을 시작하게 되었다.

그중에 하나가 '합덕산업가스' 인데 이곳 지분을 인수해 'BTB GAS' 로 사명을 바꾸고 8월부터 대표이사를 맡고 있다. 이제 오늘이 지나면 4개월이 지나 5개월째를 맞는다. 4개월 사업을 하면서 느낀 점이 많다. 공무원을 하면서 갑의 위치에 있다가 을의 위치에서 영업사원을 해야 하니 개인적으로도 어려움이 있을 뿐만 아니라 기업이 어려우니 대화도 어려울 수밖에 없었다. 주위에 있는 분들에게 공무원 출신이 사업을 하는데 얼마나 어려우냐는 말을 많이 들었고, 나 자신도 그런 기분이 들었던 적이 있지만 어차피 내려놓을 거 하루 빨리 내려놓자고 했던 만큼 많은 것을 내려놓았고, 새로운 인생을 시작했으니 새롭게 살아가야 하는 것은 필연이라고 생각한다.

산업가스는 산소, 질소, 아르곤, 탄산 등 기업체 공장에서 쓰는 가스로 주 사용처가 기업이다. 4개월 동안 기업 임직원들을 30여 명 정도 만나 보았다.

대부분 아는 분들을 만나 보았는데 기업의 어려움을 눈으로 확인할 수 있었다. 기업인들은 IMF 외환위기 때보다도 더 어렵다고 이구동성으로 말한다. 진짜로 어렵긴 어려운 모양이다. 그 중 한 개 기업만 확장하려고 노력하고 있었다. 이렇게 어려운 경제 상황이 계속된다면 당진의 제조업이 무너지고 우리나라의 제조업이 무너질 수 있다는 생각이 들었다.

당진은 농업도시에서 기업도시로 탈바꿈을 하고 있으니 기업이 살아야 당진이 산다는 것을 밝히고 싶다. 충남에서 지방세가 천안, 아산 다음으로 당진이 많이 징수되는 곳이다. 인근 서산은 당진보다 인구가 약 1만 여 명이 많으나 예산 규모는 당진이 몇 백억 원 많게는 1천 억 원이 많은 때도 있다. 이렇게 지방세가 많이 들어오는 이유는 기업이 많이 들어와서 세금을 납부하기 때문이다. 내가 지역경제과장을 하면서 1년에 200여 개 기업을 유치할 때 서산은 유치 실적이 20개 미만이었고, 예산은 10개 미만이었다. 기업에서 세금을 받아서 기업에게 지원해주는 시비는 거의 없고, 그런 돈으로 농업예산 900억 원, 복지예산 1100억 원 이상을 지원해주는 것이다.

기업이 잘 운영되고 양질의 기업이 많이 들어와야 농업에 많은 예산을 지원해주고 복지예산이 증가하는 것이다. 개인 가정에서도 돈이 있어야 살림을 잘 할 수 있으며, 지방자치단체에서도 돈이 있어야 주민들에게 양질의 행정 서비스를 제공해 주는 것이다. 앞으로 당진에 좋은 기업이 들어올 수 있도록 노력을 배가해야 할 것이다. 기업을 다니면서 영업활동을 해야 하는데 기업이 어려우니까 영업하는데 어려움이 있을 뿐만 아니라 대화하기도 어려움을 느낄 정도였다. 기업이 잘 돌아가야 이야기하기도 좋은데 기업이 어려워서 죽을 지경인데 거기다 도와 달라고만 하면 좋아할 사람이 있겠는가?

그렇게 어려움을 겪으면서 어렵게 5개 기업을 개척하는데 성공을 하였다. 매출액이 20억 원 정도는 예상되는데 두고 봐야 하겠다. 매출액은 커도 경쟁이 심하여 마진이 적어지고 있는 것이 가스사업이다. 당진에 산업가스를 판매하는 기업이 여러 개가 있으나 경기도 등 외지업체가 당진 소재 기업을 대상으로 가스 판매를 하는 경우도 약 30% 이상이 된다. 나는 주로 신규 기업 아니면 외지 업체의 가스를 사용하는 기업들을 주 대상으로 영업 활동을 하고 있다. 이런 이유 때문에 경기도 산업가스 회사에서 나에게 와서 협박성 항의를 하고 가는 일도 있었다. 경쟁이 무척이나 치열한 것을 몸소 체험하고 있다. 사업을 시작하면서 예상은 했지만 이렇게 치열한 것을 보고 더욱 열심히 해야 하겠구나 하는 각오를 다진다. 그리고 사업을 하면서 인맥의 중요성을 다시 한 번 느끼고 있다.

〈2014. 11. 30.〉

인맥의 중요성

가스 사업을 하면서 거래처를 확보하려고 해도 상당히 어려웠다. 산업체에 가스를 공급하기 위해서는 시설 투자를 해주어야 하기 때문이다. 가스 업체에서 공장에 시설 설치를 해주면 보통 5년 이상, 반반 설치 등이 있을 경우는 3년 이상, 시설이 없으면 1년 이상 계약을 하기 때문에 기존 거래처를 끊어 버리고 계약을 하기는 어렵다. 기업체를 백방으로 찾아다녀도 결정권자를 만나기도 어렵고, 거래를 성사시키기는 더욱 어렵다. 한번은 내가 잘 아는 모 회사 사장이면서 경영자협회 회장님이신 분을 만나 가스 공급을 부탁했는데 기존 가스회사 이야기를 하면서 어떡하느냐고 나보고 되레 걱정을 하는데, '이게 인맥이구나!' 하는 것을 느꼈다.

그리고 대신 옛날 3사에 국도 38호선 신설로 인해서 알게 된 한 기업체의 부장이 있었다. 기존 38호 국도는 현대제철 앞까지만 개설되어 있었고, 대산까지 가는 선은 감사원 감사로 인해 중단되었다. 감사원에서 국토해양부 감사를 하면서 국도 38호선은 예산 낭비라고 지적했다. 당시 대통령께서 사회 간접시설에 투자를 줄이는 쪽으로 국정 방향을 잡아서 그랬던 것 같다. 도로교통과장 때 국토해양부를 자주 갔는데 도로건설과 담당 사무관이 도로국이 없어지겠다고 하소연 하는 말을 여러 번 들었다. 국도 확포장 예산이 1년에 약 12조원 정도였는데 3조 원으로 하향 조정돼 이미 공사가 진행 중인 현장을 마무리 하는 것도 어렵다는 것이다. 그 이유를 물으니 대통령께서 "도로는 많이 개설했지 않은가?"라고 한마디 던져 관련 예산이 대폭 줄어들었다는 것이다.

아마 2005년과 2006년 정도였을 것이다. 그 당시 대산 3사에서 다니는 대형 차량은 줄잡아 1400대 정도였다. 그들 차량이 석문 좁은 길을 다니다 보니 교통사고도 많이 나고 주민 불편이 이만저만이 아니었다. 그런 이유를 감사원에서는 알 리 없는 것은 자명한 일이다. 그래서 중단된 38호 국도를 어떻게 해결해야 하나 고민을 하다가 기업하고 같이 뛰자는 생각이 들었다. 대산 3사에 주문을 해, 1400대 차량 운전사들에게 설문 조사를 하였다. 만약에 대산에서 서산IC까지 국지도 70호선이 개통되면 70호선을 이용할 것인지, 아니면 그대로 석문 쪽으로 송악IC를 이용할 것인지 조사를 하였는데 예상대로 송악IC를 이용한다는 응답이 100%였다. 왜냐하면 대산에서 서산IC를 이용하면 돌아가서 유류비와 고속도로통행료가 더 소요되기 때문이다.

이 설문조사 내용을 가지고 국토해양부 도로건설과를 설득하였다. 그리고 대산 3사에 주문을 하여, 사장단은 장차관을 로비하고 회사 중역들은 국토해양부 국과장, 담당 사무관을 설득하도록 협조 요청을 하였다. 그리고 당진군이 국토해양부를 다녀오면 대산 3사에 그 내용을 주고, 대산 3사에서 국토해양부를 접촉하면 그 내용이 군에 통보하도록 시스템화 시켰다. 국토해양부 도로 건설과에서 "행정기관이 아닌 회사에서 도로를 놔 달라고 요청하는 것은 이곳 밖에 없다."고 이야기 하는 것을 듣고 '아! 성공했구나!' 하는 느낌이 들었다. 그래서인지 국도 38호선 확장 공사가 다시 시작이 되었다.

그때 담당했던 부장을 까맣게 잊고 있었는데 어떻게 알고 시장 선거에 나왔을 때 내 핸드폰으로 꼭 당선되시라고 문자를 보내주었다. 그리고 내가 가스 사업을 할 줄은 나도 생각하지 못했고 그에게 부탁을 할 줄은 꿈에도 예상하지를 못했었는데 어떡하겠는가. 먹고사는 게 죄인지라 그에게 전화를 걸어 도와달라고 하였다. 전화를 걸어 어떻게 하다 보니 가스 사업을 하게 되었다고 소개하고 도와 달라고 부탁했더니 흔쾌히 판매부서에 부탁을 하겠노라고 답변을 해주었다. 그 뒤로 판매 책임자를 만났는데, 이야기를 다 들어서 그런지 38호 국도 공사에 감사를 드린다고 하면서 최저가로 공급을 해주겠노라고 흔쾌히 답변을 해주었다.

그때 일을 생각하면 '아! 이런 것이 인맥이구나.' 하는 생각이 든다. 사람이 살아가면서 예상치 못한 일들이 무수히 생기는데 사람이 사람과 부딪히며 살아가는 게 세상인지라 상대편이 어떻게 나오느냐는 평소나 과거 인맥이 어떻게 형성되었느냐 하는 것이 가장 중요하다는 것을 몸소 인식을 한 계기가 되었다.

〈2014. 12. 08〉

지역경제가 어렵다.

어제 저녁에 신평의 한 술집에서 몇 명과 술을 마시면서 이런 저런 얘기를 하는데 옆 테이블에서 중국인 몇 명이 술을 마시고 있다. 원래 중국인들은 평상시 이야기 하는 것도 우리가 보면 싸우는 어감인데 이 사람들도 어감이 무척이나 센 편이다. 이들이 크게 떠들면서 이상한 이야기를 하기에 주인보고 중국인들이 무슨 이야기를 하는 것이냐고 물어봤는데 공장에서 일하는 사람들인데 임금을 몇 달 간 못 받으니까 술을 먹으면서 대책을 상의하는 것 같다는 이야기였다.

신평 신흥리 옛날 고려개발 공장자리를 아하엠텍이 인수하여 운영을 하였는데 아하엠텍이 은행관리에 들어갔고, 며칠 전에 선진정공이 부도를 맞는 바람에 지역이 술렁이고 있는 형편이다. 종업원이 수백 명인데 몇 달간 임금도 못 받고 있다는 이야기이고 하청업체들도 돈이 묶이니까 덩달아 어려운건 마찬가지이다. 선진정공이 부도가 나면서 몇 억 원씩 못 받고 있고 잘못하면 떼일 형편이니까 안절부절 못하고 있다.

경제가 어려워 중소기업들이 도산을 하고 있는 사례도 많지만 갑과 을의 불공정 행위로 인하여 중소기업들이 도산하는 사례도 많이 발생하고 있다. 아하엠텍이 갑과 을의 관계에서 갑(대기업)의 무차별 횡포에 어려움을 당하고 있는 대표적인 케이스이다.

갑(대기업)의 오더를 받으면 갑과 을과의 계약이 성립해 계약서를 써야 하는데 갑의 횡포에 계약서를 못 쓰고 작업지시서에 의존하여 일을 하고 대금을 받고 있으니 문제가 되어 소송이 발생하면 무조건 을이 패소하는 것은 자명한 일이란다. 이렇게 지역에서 기업이 한두 개씩 넘어지고 있으니 지역경제의 어려움은 더욱 커지고 있다.

어제 술집 주인 얘기를 들으면 실감이 난다. 예전 같으면 공장 직원들이 많아서 손님으로 많이 왔는데 임금이 제대로 나오지 않으니까 손님 발길이 뚝 끊겨 어려움이 크다고 한다. 어디 신평 술집뿐이겠는가. 동부제철이 어렵고 동국제강 등 철강업종이 어려우니 당진 전체가 어려운 건 마찬가지이다. 전 세계 철강 생산량이 21억 톤쯤 되고, 그중 중국에서 생산되는 양이 약 7억 톤으로 전 세계 생산량의 1/3을 생산하고 있다. 그런데 철강 경기가 침체되어 지금은 세계적으로 약 15억 톤 정도가 생산되는데 경쟁이 치열하다보니 저가의 중국산 철강이 들어오고 있다. 중국에서 들어오는 철근 가격이 우리나라 고철 가격보다 싸다는 이야기도 돌고 있다.

그러다 보니 우리나라 철강업체들이 고전을 면치 못하고 있다. 그래도 현대제철은 강판을 소비하는 현대 자동차가 있고, 후판을 소비하는 중공업 등 자체 소비를 하고 있으니 그나마 다행이다. 산업용 가스 사업을 하면서 기업체 임직원들을 만나보면 기업의 어려움을 실감할 수 있다. 그리고 그들이 정부와 지자체에 갖는 불만을 들을 수 있다. IBK경제연구소가 전국 중소제조기업 3,169업체를 대상으로 경기체감지수를 조사했는데 전분기 대비 18포인트 하락했다고 조사되었다. 이 같은 경영애로 요인으로는 내수

부진과 판매대금 회수 어려움, 수주조건 악화, 원자재가격상승 등의 원인으로 본다는 연구소의 분석이다.

이렇게 경제가 어려움을 겪고 있는데 매스컴을 보면 매일 싸움이나 하고 있으니 한심할 따름일 것이다. 정부나 지방자치단체나 국민들이 먹고 사는 문제부터 먼저 해결해야 할 것이고 중산층을 위한 경제 정책을 펼쳐야 할 것이다.

〈2015. 01. 22.〉

직원 채용의 어려움

산업용 가스를 판매하면서 가스자동차 충전소도 운영하고 있다. 앞서 근무하던 분이 이사를 가면서 직원을 다시 뽑아야 하는 상황이다. 그래서 아는 사람이 좋겠다 싶어 지인을 통하여 잘 아는 사람을 채용해 사전에 현장을 보여주었다. 서로 협의를 통해 한번 해보겠다는 답변을 들었고, 그의 부인과 함께 일하기 전에 답사도 했다. 그런데 그 직원이 일한 지 2일 만에 갑자기 자기 부인이 이사를 못 온다고 해서 일을 할 수가 없게 됐다고 한다. 가는 분이야 개인적으로 이유가 있지만 이번 일로 해서 사람을 소개한 지인 간에 서운한 일이 생기지 않았으면 한다.

충전소에 가정집이 있어 기거를 하면서 일할 수 있는 환경이다. 부부가 함께 일하면 부인이 충전을 하고 남편이 다른 직장을 다니면서 수시로 도와주면 돈벌이가 되는 환경이다. 월급이 250만 원이고, 식대로 하루에 1만 2000원을 주고 집에서 사용하는 전기, 수도 등은 회사에서 부담하는 조건이다. 부인이 충전 업무를 맡으면 충분히 해낼 수 있는 일이라고 보았다. 앞서 일했던 분도 부인이 충전을 했다. 지난해에는 회사 총무를 뽑는데 최하 1년 이상은 재직하겠다고 해서 젊은 사람을 채용했는데 5개월도 안 돼 사직서를 썼다.

회사를 운영하는 사장들이 이구동성으로 하는 말이 직원들 월급을 주고 나면 어느새 다음 월급날이 오고, 직원 채용, 관리가 어렵다고 한다. 내가 경험을 해보니 실감이 나는 말이다. 현재 직원을 뽑느라 아는 지인 수십 명에게 직원 추천 부탁을 해 놓았고, 인력사무소나 스피드 잡 등 회사에 구인광고도 해놓았다. 하루에도 여럿의 인원이 찾아오고 있다. 면접을 하지만 그 짧은 시간에 그 사람의 성품을 판단할 수는 없다. 최대한 옳은 판단을 하려고 노력하고 있다. 아무쪼록 좋은 분이 들어와야 할 텐데 말이다.

공직에 있을 때 접하지 못했던 사회를 접하면서 많은 것을 배우고 또 배우고 있다. 산업용 가스는 주로 기업을 상대로 영업을 하기 때문에 회사 임직원을 만나게 된다. 그들을 만나면서 공직에서 몰랐던 것들을 배우고 있다. 며칠 전 고대면에 있는 공장에 가스 배관 작업을 하는데 금액이 커서 배관 방법을 놓고 사장과 의견충돌이 생겼다. 이유야 어찌됐건 내가 을이니까 무조건 사과하고 사태를 마무리 지었다. 현재 배관이 마무리되고 있는 상황이고 곧 가동이 들어갈 계획이다. 이 회사 사장은 외지에서 왔는데 당진에 와서 돈 벌었다는 이야기를 들었으면 좋겠다.

〈2015. 07. 05.〉

1년간 사업을 하면서 느낀 점

퇴직을 하고 사업을 시작한 지 만 1년이 지나가고 있다. 30년 넘게 공무원 생활만 하다가 사업 전선에 뛰어든 것이 며칠 전 같은데 1년이 지난 걸 보면 세월이 빠르긴 빠른가 보다. 1년간 사업을 하면서 많은 것을 보고 느꼈는데 두서없이 그 소감을 적어 보고자 한다. 지금 현재 느낌이지만 얼마 지나면 이 느낌이 달라질 수도 있을 것이다. 그렇지만 한번 느낌을 적어 놓으면 다음에 내 생각이 어떻게 변할지 궁금하다.

○ 먼저 많은 것을 배우고 있다.

학교 다닐 때 빼고는 평생 공직생활만을 하다가 처음으로 사회생활을 하고 있는데 공직에서 느끼지 못했던 것을 몸으로 부딪치고 있고, 체험을 하고 있다. 공직에 있을 때는 어떻게 보면 갑의 역할이었지만 지금은 거의 을의 역할이다. 또 내 성격이 어디 가서 아부를 떠는 성격이 아닌지라 몸에 밴 습관을 바꾸는 데도 상당히 어려움을 겪고 있다. 그러나 내가 살려면 내가 바뀌어야 하니까 어쩔 수 없다. 내가 배우고 변할 수밖에. 공직에 있을 때의 공식이 사회에서는 통하지도 않는다. 공직의 틀을 빨리 없애보자. 공무원 하다가 사업을 해보니까 얼마나 어려움이 많으냐고 걱정해주는 분들도 많다.

○ 다음 느낀 것은 사업은 어렵다는 것이다.

발안 공장에 배관 설비를 해주고 가스를 납품하고 있는데 계약을 하려고 발안에 가서 사장과 이런 얘기 저런 얘기를 하는데 사장의 인생이 말 그대로 험난한 가시밭길이다. 자기는 여러 가지 사업을 하면서 지금 전기 등 기구를 생산하는데 중국 제품을 이기는 회사는 자기회사 뿐이란다. 자기는 죽기 아니면 살기의 극한 정신으로 해왔기 때문에 오늘이 있다는 것이다. 그는 내게 "사장님은 공직에 계셨기 때문에 아는 분들이 많아 사업하기가 수월하시지만 난 맨땅에 헤딩하면서 사업을 일으키기까지 무척이나 어려웠답니다. 그리고 사업은 먹고 먹히는 동물의 세계와 같기 때문에 한순간도 정신을 차리지 않으면 안 됩니다."라며 덕담을 건넸다. 평생 공직만 해오다가 사업이 무엇인지 모르는 상태에서 부딪혀 보니까 생각했던 것보다 호락호락 하지 않았다. 어떤 사장은 조용히 공직을 한 사람이 이 어려운 가스판에 왜 들어왔느냐고 하는 분도 있다. 몇 번을 당하다 보니까 요령이 생기고 어떨 때는 나도 모르게 독기가 생기곤 한다.

○ 그리고 국가경제와 지역경제가 잘 돌아가야 사업이 수월하다는 것이다.

기업체를 다니다 보면 요즈음 경기가 너무 안 좋아 마음이 편치가 않다. 더구나 동부와 동국이 어렵고 선진전공, 아하엠텍 등 큰 중소기업들이 부도가 나니까 더욱 그렇다. 지역기업들이 어려우니까 지역경제가 침체되고 있다. 식당, 술집 등이 장사가 잘 안 되는 것은 물론이고 옷가게들도 작년보다 20% 이상 매출이 준다고 한다. 우리나라가 잘 살고 지역이 잘 살려면 기업들이 잘 돌아가야 한다. 나 같은 경우도 기업이 잘 돌아가야 가스를 많이 팔게 된다. 기업들이 어려우니까 가스도 적게 쓰고 또 가스 값도 제대로 받지 못한다. 명절때 직원을 보내서 우는 소리를 해야만 밀린 가스 값도 겨우 받아내곤 한다. 지역 경제가 잘 돌아가야 모든 게 잘 돌아가게 마련이다.

○ 또 느낀 점은 '인맥이 돈이다' 라는 것이다.

어떤 분은 "에이 가스가 뭐여 까스가" 하면서 "내가 다른 사업을 줄 테니까 다른 것 해봐." 하는 분도 있다. 사업을 하면서 인맥이 자산이라는 이야기를 실감하고 있다. 공직에 있을 때 주로 경제부서에 있었기 때문에 기업체를 많이 알아서 그나마 사업을 할 수가 있지 그렇지 않으면 도저히 사업을 할 수가 없었을 것이다. 어떻게 보면 인맥이 돈이구나 하는 공식이 성립이 되는 것이다.

○ 다음은 무엇보다 자신감이 있어야 한다.

기업체 출장을 다니면서 어떨 때는 문전박대를 당할 때가 종종 있다. 그리고 그런 일이 하루에 몇 번 있을 때는 의기가 소침해지게 마련이다. 저녁때는 힘이 쏙 빠지는데 이럴 때일수록 자신감을 잃으면 사업을 할 수가 없다는 생각을 한다. 이왕에 사업현장에 들어왔으면 죽이 되든 밥이 되든 한번 해보는 것 아니냐하는 생각을 나 홀로 되새기면서 사업을 하고 있다.

○ 사람 쓰기가 어렵다.

직원이 몇 명밖에 없지만 경리, 총무를 담당하는 직원이 벌써 3번째 바뀌었다. 이왕이면 젊은 직원을 써봤는데 조금 근무하다가 그만둔다는데 잡을 수가 없다. 현재는 나이든 분을 두고 일하는데 두고 볼 일이다. 그리고 충전소에 근무하는 여자 아줌마가 살림집을 옮겨 그만둔다고 해서 친구들이 사업에 실패한 친구를 데려다 써달라고 하여 고민을 하다가 친구도 돈을 벌어서 좋겠다 싶어 일을 맡겼는데 친구를 쓰고서 얼마나 마음고생을 많이 했는지 모르겠다. 사람 쓰는 게 이렇게 어려운지 실감을 했다.

○ 마지막으로 하고 싶은 얘기는 사업이 재미가 있다는 느낌이 들 때가 있다.

사회 경험이 없는지라 모든 것이 새롭게 느껴지고, 거래를 터야 하니까 상대방의 진의라든지 뜻을 알아야 하기 때문에 내 생각보다는 상대방을 더 생각하는 습관이 길러지고 있다. 달리 이야기 한다면 내 자신을 변화시키고 있다고 봐야 할 것이다. 내 자신이 변화하는 모습을 느낄 때 나도 변하고 있구나하는 생각을 갖고 그런 내 모습에 재미를 느낄 때가 있다. 사회 초년생으로 다시 태어나서 새로운 삶을 사는 내 자신이 모쪼록 적응을 잘 해서 회사가 일취월장 발전할 수 있는 날이 오도록 최선을 다하자. 〈2015. 10. 03.〉

기업이 어려운 정도가 아니다

2015년이 10여일 남았는데 금년도 기업의 어려움을 눈으로 직접 보면서 많은 것을 보고 배웠다. 최근 미국이 금리를 인상해 온통 이에 대한 이야기이다. Perfect Storm이니 우리나라에 영향이 있느니 없느니 말이다. 더구나 우리나라뿐만 아니라 세계경기가 나쁜 상태에서 미국의 금리인상으로 더욱 나빠질 것이라는 등 어수선하다. 내가 거래하는 기업 중 하나가 위험하다고 한다. 거래금액이 꽤나 큰데 이 기업이 부도가 나면 어떻게 하나 노심초사하고 있다. 서해도시가스의 매출액이 6000억 원이 넘었는데 금년도에 3000억 원대로 준다고 한다. 도시가스 소비가 가정에서는 줄 이유가 없으니 매출이 준다는 의미는 기업체에서 도시가스를 쓰지 않는다는 뜻이다. 부도가 나든지 아니면 생산량이 줄어들고 있으니 가스사용을 줄인다는 의미이다.

우리나라는 대외의존도가 100%가 넘는다. 대외의존도는 수출입총액을 국민총소득으로 나눈 것을 의미하는데 대외의존도가 높다는 것은 수출을 잘 해서 외국돈으로 먹고 산다는 뜻이다. 그 대신 세계경제에 예속되어 세계경제가 나빠지면 휘둘리는 약점이 있다는 것이다. 선진국의 경우는 대외의존도가 30~40%정도이다. 또한 G20 경제지표 중 GDP대비 수출입 비중을 보면 우리나라가 수출입 모두 약 40%가 넘어 1위라고 한다. 더구나 중국 수출의존도가 26% 정도가 되고 있으니 중국이 기침을 하면 우리나라는 감기가 걸릴 정도가 되고 있다. 외교적으로도 중국에 예속된다는 것이다. 이런 현상들이 여러 군데에서 나타나고 있다.

이를 극복하기 위해서는 선진국처럼 내수시장을 키워야 하는데 가장 큰 이유는 인구가 적다는 것이다. 구매력이 적으니 내수시장의 성장에 한계가 있어 이의 대책이나 보완이 필요하다 하겠다. 기업체를 다녀보면 다들 극도의 어려움을 호소하고 있다. 요즈음 기업들은 현상유지만 해도 대성공이다. 기업인들이 이야기하는 것을 들어보면 과거 IMF 외환위기 때보다 더 어렵다고들 한다.

기업이 어려우니까 협력사가 어렵고, 회식도 하지 못하니 식당들이 어렵고, 2차 3차 관련 업종들이 전부 죽을 맛이다.

며칠 전 모 기업 이사들하고 저녁을 먹는데 직원들 망년회를 생략했다고 한다. 기업이 어려우니 어쩔 수 없단다. 이럴 때일수록 정치권과 행정에서 기업 살리기에 앞장서야 한다. 어차피 수출로 먹고 살고 있으니 수출이 잘 될 수 있도록 도와주어야 하고 행정은 각종 규제를 풀어 기업의 기를 살려주어야 한다. 지난 11월에 대한상공회의소에서 발표한 경제활동 친화성 등급을 보면 4개 등급에서 천안이 S등급이고 당진은 3번째 등급으로 하위권을 받았다. 석문국가산단을 가보면 경제현실을 볼 수 있다. 분양률이 약 25%인데 여기에는 주거용지나 상업용지 등이 포함되어 있다. 공장용지 판매는 부진해서 대부분 나대지로 방치되고 있다.

국가공단이지만 지자체가 적극적으로 지원에 나설 때이다. 석문 국가산단에 기업이 들어와야 당진이 필요로 하는 사회간접자본을 유치할 수 있다. 세계 2위 반도체 장비업체인 램리서치 회사가 인천공항 물류단지에 3만㎡의 물류시설을 설치하려고 했는데 법 개정이 안 돼 대만으로 가버렸다. 이 물류단지에 한국기업은 조세혜택을 받지만 외국기업은 부가세를 내야하는 잘못된 점이 있어 자유무역지역지정법 개정안을 국회에 제출했는데 1년이 넘도록 개정이 안 되어 이런 일이 벌어졌다는 것이다.

내가 경제업무를 담당할 때 외국기업을 유치하려고 대화를 해보면 상해 푸둥이나 싱가포르 수준을 맞추어 달라는 것이다. 실례를 든다면 부곡공단에 희성피엠텍, 희성촉매를 유치했는데 50% 지분을 가진 바스프사는 상해 푸둥으로 가려고 했고 희성은 파주나 평택으로 가려고 했다. 매출 1조 원 수준의 이 회사를 유치하려고 부단히 애를 써서 결국은 유치를 했다. 외국 기업을 유치하려면 말로 해서는 안 되고 실질적인 것을 요구한다. 이를 뒷받침 하려면 정부나 지자체가 수치로 이야기해야 한다. 현재 상황이 IMF 외환위기 때보다 어렵다고 다 아우성인데 방송을 보면 정치권은 매일 싸움질이나 하고 있으니 나라가 어디로 가려는지 참 암담하다.

〈2015. 12. 19.〉

입찰의 아쉬움

지난 한주 동안 가스 입찰이 3번 진행됐다. 3번 입찰에서 2등, 3등, 5등을 했다. 하나는 지역이 당진이었고 나머지 2개는 전국을 대상으로 한 입찰이었다. 아쉽게 순위에만 들었으니 안타까운 심정이다. 입찰이 실력보다는 운이라지만, 아예 순위에 들지나 않았다면 아쉬운 감정은 없었을 텐데 말이다. 예전에 사업하는 분들이 입찰에서 아쉽게 떨어졌다는 이야기를 들을 때 내일이 아니니까 '그런 일이 있구나' 하는 정도로 받아들였다. 막상 지금 내가 그런 입장에 처해보니 정말 실감이 난다. 이렇게 아쉽게 떨어지면 곧 입찰에 당첨이 된다는 속설이 있는데 과연 그럴지, 운이 있을지 지켜봐야 할 것 같다.

입찰에 당첨 되려고 별일을 다 하고 아예 전문 업체에 대행을 맡기기도 한단다. 지금 경제상황이 작년보다 더 어렵게 가고 있기 때문에 입찰에 속 타는 사업주들이 더 증가하게 되기 마련이다. 우리 사업장은 사업을 시작한 지 얼마 되지 않기에 줄어들 것도 없고 계속 늘어나고 있기 때문에 경기 위축하고는 영향이 없지만 규모가 큰 기업들은 지장이 매우 크다고 볼 수 있다. 기업들이 부도가 나고 생산량을 줄이면서 가스 등 연료 사용이 현저히 감소하고 있다. 또한 대금을 받지 못하고 떼이는 일도 많고, 수입액이 줄어들기때문에 직원을 줄이는 기업들도 많다. 지금 상황은 현상 유지만 하면 대박이라고 판단된다. 하루 빨리 경기가 회복되어 기업들이 활발히 돌아가기를 기대해 본다.

〈2016. 02. 21.〉

5톤 복서 차량 구입

최근 5톤 복서 차량을 신규 구입해서 무사고 기원 고사를 지냈다. 직원들이 저녁 8시나 9시까지 충전을 해야 하기 때문에 차량이 부족해서 추가 구입했고, 직원도 한명 더 뽑았다. 고사를 지내면서 사고 안 나고 돈 많이 벌게 해달라고 했다. 세월은 참으로 빠르다. BTB GAS회사 지분을 인수해 사업을 한 지가 2년이 다 되어간다. 이 회사에 들어와서 매출을 약 3배 정도 신장을 시켰다. 영업을 하면서 배운 것도 많다. 공무원 때를 벗어 버리고 사업을 매진하려고 해도 30여년 몸에 배인 습관이 어디 가겠나. 공무원 틀을 벗으려고 최대한 노력을 하고 있는 중이다.

새로운 계약을 하면 성취감도 있고, 또한 자신감도 생긴다. 신규 시장을 개척할 때 두근두근하는 스릴을 느낄 때, 도전하는 자세를 가다듬을 때가 좋다. 직원들도 정말 열심히 해주고 있다. 내가 없어도 아침 8시면 회의를 하고 업무를 시작한다. 이제 LPG 벌크로리를 한 대 더 구비하면 어느 정도 장비문제는 해소가 될 것 같다. 직원들하고 LPG벌크로리를 더 구비해서 열심히 뛰어보자고 다짐한 하루였다. 사업이 번창하기를 기원해 본다.

〈2016. 06. 16.〉

경기침체를 보고만 있을 수는 없다

사업을 시작한 지도 2년이 넘어가고 있다. 산업용 가스 사업을 하기 때문에 주로 기업체를 방문하여 사업을 확장하고 있다. 그런데 기업을 다니다 보면 기업들이 너무나 어렵다는 사실을 알게 됐다. 갈수록 경기의 침체가 심화되고 있으니 걱정이다. 부도나는 기업들이 많고 기업 생산 실적이 약 30~40% 정도로 다운되고 있다. 우리 회사가 거래하는 기업도 3개나 부도가 났다. 정말로 심각하다.

우리나라는 외국 수출로 벌어먹고 살기 때문에 제조업체들이 어려우면 사회전반이 어렵게 된다. 각 나라마다 대외의존도라는 지표가 있는데 우리나라는 대외의존도가 100%가 넘는다. G20에서 우리나라의 대외의존도가 제일 높다. 대외의존도는 총 수출입액을 국내총생산(GDP)로 나눈 것인데, 100%가 넘으면 수출입으로 먹고 산다고 보면 된다. 좋게 말하면 외국돈으로 먹고 산다는 이야기이고 나쁘게 말하면 외국 의존도가 너무 높아 산업구조가 취약하다는 것이다.

미국, 일본 등 선진국은 외국의존도가 30% 정도를 유지하고 있다. 즉 외국에 의존하지 않아도 경제가 잘 돌아간다는 이야기이다. 그런데 우리나라처럼 외국 의존도가 높은 나라에서 제조업이 붕괴가 된다면 나라 앞날이 상당히 어둡다는 결론이다. 제조업이 살아야 나라가 살고, 지역경제가 산다는 이야기이다. 지역 기업들이 30% 이상 다운이 되었다면 지역 경제도 30%이상 다운이 되었다고 보면 된다.

직원들이 감원되면 소비 주체가 줄어들어 위축이 되고, 기업들이 회식을 하지 않으면 식당들의 매출이 줄어들고, 직원들이 씀씀이를 줄이면 옷 가게 등의 매출이 줄어들 것이기 때문이다.

당진은 철강 대형사들이 많아 철강경기에 민감할 수밖에 없다. 금년 8월에 미국에서 포스코에 60.93%, 현대제철에 13.38%의 반덤핑 판정을 내려 상계관세를 부과한다고 발표를 하였다. 동부제철의 전기로 2기가 가동을 멈추었고, 동국제강도 후판공장이 어려움에 처해있다. 당진의 대기업들이 상당히 힘든 길을 가고 있다.

더구나 김영란법의 시행으로 시내경기가 더 침체될 것이기 때문에 어려움이 더할 것으로 추측이 된다. 어느 식당에 가서 주인 이야기를 들어 보았다. 예상대로 경기가 침체되어 죽을 맛인데 김영란법 시행으로 공무원들이 나오질 않아 더 어려움을 겪고 있다는 이야기였다. 김영란법으로 엉뚱하게 서민이나 농축산인들이 타격을 받지 않을까 우려된다.

이렇듯 지역 경제가 바닥으로 떨어지고 있다. 그러나 세상이 그런데 어떻게 하랴하고 내버려 둘 수는 없다. 무언가는 지역경제 활성화를 위해서 노력을 하여야 한다. 지역에서 해결할 방법을 여러 가지로 찾아보아야 한다. 지역 기업들의 생산이 줄어들기 때문에 매출을 늘리는 방법을 강구해야 한다.

이를 극복할 방법을 찾는 것은 상당히 힘들다고 본다.

우선 지방자치단체에서 할 수 있는 일을 찾아야 한다. 두 가지만 이야기 하고자 한다. 석문국가공단이나 송산2산단에 비어 있는 부지가 많은데 여기에 하루빨리 기업을 유치할 수 있는 방법을 모색해야 한다. 지금은 수도권규제완화 정책으로 수도권에서 기업이 내려오지 않아 어쩔 수 없다고 하는데, 마냥 보고만 있을 수는 없다.

표준분류 코드 중에 화학업종이라 하더라도 내용을 보면 화학업종이 아닌 첨단 업종이 많이 있다. 지역경제과장 시절 연매출 1조 원 규모의 희성피엠택, 희성촉매를 유치했는데 코드가 화학업종으로 분류되어 있지만 실제상으로는 자동차 부품업종이다.

수도권의 업체를 전수 조사하여 환경에 해가 안 되는 첨단업종을 분석, 유치하는 것도 한 방법이다. 광양은 포스코 계열사인 포스코켐텍에서 프리미엄 코크스 공장을 세워 작년 10월에 첫 생산에 성공하였다. 포스코에서 나오는 32만 톤의 콜타르를 처리해 침상코크스를 만드는데, 이는 반도체와 2차 전지 음극재(일본과 중국에서 수입), 태양전지 등에 쓰이고 있다.

우리 지역의 현대제철에서도 매년 20만 톤가량의 콜타르가 생산되고 있지만 전량 일본에 수출하다가 지금은 현대 오일뱅크에서 가져가고 있다. 콜타르는 석탄을 찌면서 나오는 재료로 꿈의 신소재 탄소를 만들 수 있는 재료로 쓰인다. 전주가 탄소밸리 지정을 받아 국비 1000억 원, 민자 약 830억 원, 지방비부담 78억 원을 들여 탄소밸리 구축사업을 마무리하였다. 효성 등 민자에서 수조 원이 투자되고 있다.

완주군에는 탄소를 재료로 한 자동차 부품 단지를 조성하고 있다. 탄소 소재가 하나도 나지 않는 곳에서 말이다. 정부는 인조흑연, 탄소섬유, 카본블랙, 탄소나노튜브, 활성탄소, 그래핀 등 6개 탄소소재를 선정해 집중 지원하고 있다. 당진도 늦었지만 국비

지원을 받을 수 있도록 하여야 한다. 우리는 탄소 재료가 있으니 얼마나 유리한가. 향후 탄소시장 규모가 100조 원을 넘어설 것으로 예상하고 있다.

우리는 20만 톤의 재료가 있는데도 활용을 하지 못하고 있다. 아쉬움은 있지만 지금이라도 우리가 할 수 있는 방법을 찾아본다면 석문국가산단이나 송산2산단에 탄소와 관련된 기업들이 입주할 수 있다고 본다. 그렇게 되면 당진에서도 새로운 첨단 산업 아이템이 생겨, 지역경제가 활성화될 것이다.

〈2016. 10. 04.〉

쌀값에 대하여

벼 수확이 한창이다. 그런데 수확의 기쁨도 잠시, 쌀 가격의 하락으로 농민들의 한심이 깊어지고 있다. 작년에 5만 평 벼농사를 짓는 농민에게 들은 이야기인데 쌀 가격의 하락으로 소득이 3000만 원 줄었다고 한다. 그런데 금년에는 작년보다 쌀 가격이 더 하락하고 있다. 경제국장 시절 우리시의 쌀 조수익이 얼마인지 파악해 본 적이 있었다. 당시 조수익이 2400억 원 정도였다. 그때 80kg 쌀 한 가마에 15만 원이 넘었을 때였고, 지금은 11만 원대로 떨어졌으니 조수익이 2000억 원 밑으로 떨어져 버렸다고 볼 수 있다. 당진 전체 면적 중 답 면적이 1/3정도이다. 당진의 전체면적 중 1/3이 되지만 조소득은 2000억 원이 되지 않는다. 그렇게 많은 농민들이 일 년 내내 노력을 해도 2000억 원이 되지 않는다.

전국으로 보면 쌀 수확이 420만 톤이고, 조수익은 7조 원이다. 삼성전자 3분기 이익이 7조 8000억 원이 예상되는데 그렇게 많은 농민들이 쌀농사를 짓고 있지만 한 회사의 분기 이익에도 미치지 못한다. 삼성전자는 이익이지만 쌀농사는 조수익으로 여기에 농약 값, 비료 값, 농기계 값, 인건비 등을 제외하면 그 소득은 엄청 떨어진다. 쌀 소비는 갈수록 줄어들고 있다. 1980년의 132kg이던 1인당 소비가 작년에는 63kg정도까지 줄었다고 한다. 소비량은 줄어드는데 WHO 의무 수입량은 매년 40만 톤이 들어오고 있다.

농민들의 소득수준이 줄어드니 고정직불금 변동직불금으로 소득을 보전해 주고 있다. 금년에도 1조 8000억 원의 예산을 확보해 놓고 있지만 쌀값이 작년보다 더 떨어지고 있으니 예산을 더 확보해야 변동직불금을 줄 수 있다. 쌀 소비는 떨어지고 의무수입량은 계속 들어오고 있기 때문에 쌀 가격이 높아지리라고 예상하는 사람은 없다. 그렇다고 정부가 계속 직불금으로 지원을 해준다면 WTO 규정을 위반하기 때문에 불이익을 받을 수 있다. 그렇게 많은 면적에서 그렇게 많은 농민들이 농사를 짓고 있어도 소득 면에서 보잘것 없다. 국가경제에서 차지하는 비중이 취약하니 정부는 약자인 농민들을 위해 과감한 정책의 변환을 해야 한다.

정부가 직불금 제도 개편안 마련을 준비하고 있다. 직불금에 대한 개편안을 마련하는데 그치지 않고 쌀농사에 대한 근본적 개편안을 마련해야 한다고 본다. 직불금의 개편으로 해결될 문제가 아니다. 농민들이 쌀농사로 소득을 올리기 어렵기 때문에 다른 대안을 찾아 답 면적을 활용하여야 한다. 대한민국을 중심으로 중국, 일본 등 동아시아지역에 엄청난 인구가 살고 있다. 산동성 제남시에 갔을 때 빌딩 소유자의 집에서 저녁을 먹었는데 그 사장의 말이 인상적이었다. 먹는 것은 중국 자기나라 것을 믿을 수가 없기 때문에 외국 것으로 먹고 있다는 이야기였다.

경기도 화성에서 전국 최초로 파프리카 재배를 하는 농민과 2시간 정도 이야기를 나눈 적이 있다. 농림부 직원들이 파프리카의 파자도 모르는 시절에 일본으로 수출을 했고, 지금은 정부의 도움을 받지 않고 최초로 중국에 수출을 추진 중이었다. 정부의 도움 없이도 전량 수출을 하는 농민의 이야기를 듣고 충격이었다. 과연 정부는 이러한 농민의 반만 닮아도 이렇게 어려운 현실이 되었을까 하는 생각을 해 보았다.

한꺼번에 근본적인 문제를 해결할 수는 없다. 농업 선진국 네덜란드에 대하여 벤치마킹을 많이 하고 배우려고 하고 있지만, 그렇게 쉽게 접목하기는 어렵다. 우리나라는 농민들의 연령이 매우 높고, 자본이 부족하고 영세하여 투자를 못하고 있다. 정부는 이러한 단점을 극복하기 어렵다고 마냥 손을 놓고 있을 수는 없다. 하루 빨리, 그리고 정권이 바뀔 때마다 정책을 바꾸지 말고 지속적으로 정책을 펴 나가야 한다.

어제 퇴근하다가 풍경이 아름다워 한 컷.
풍경은 아름답지만 수확하는 농민의 마음은 편치 못하다.

〈2016. 10. 09.〉

라인강의 기적과 한강의 기적

오 强大한 支配者여
오 偉大한 救援者여
造化의 神 創造의 神인 그대는
거츨은 三千里 江山에 주림의 부르지즘을 들으라!
黎明이여!
그대의 貴重한 燦爛한 光彩로써
오날이야말로
無窮花 동산에 새로운 希望의 빛을 보내여다구

-1933 먼동이 틀때 白浪-

당진 출신 문학인 심훈 선생이 1933년에 발표한 시 '여명'이다. 일제 강점기의 암울한 상황을 벗어나고픈 의도로 보인다. 일제시대의 지식인들이 조선 독립을 위해서 투옥을 무릅쓰면서도 저항을 했고, 그 숭고한 정신과 행동을 기반으로 독립을 맞게 되었고 우리나라가 이만큼 성장하게 된 계기가 되었다. 전 세계가 부러워하는 한강의 기적은 하루 아침에 온 것이 아니다. 그런데 지금 우리나라 상황을 보면 한국호가 난파당한 지경에 이르고 있다. Perfect Storm이 몰려오는데 엔진이 고장 난 조각배에 선장도 구명정도 보이지 않는 형국이라고들 한다. 사진에서 보듯이 우리나라가 찬란한 광채를 발하면서 다시 해가 뜨는 것을 바라볼 수는 없는가.

독일 라인강의 기적이 있었다. 라인강의 기적으로 1990년에 동독과 서독이 통일 되었다. 독일은 통일 이후 저성장과 고실업, 양극화의 후유증에 시달렸다. 2004년 실업률이 12%로 유럽에서 최고로 치솟으면서 근로의욕은 떨어지고 사회분위기의 침울함이 독일을 휩쓸고 있었다. 세계 3위의 경제대국이 유럽의 병자로 전락했었는데, 이러한 독일을 한 정치인의 결단으로 다시 일으켜 세웠다. 좌파 사민당의 슈뢰더 총리는 노동시장 개혁방인인 하르츠개혁 안을 만들어 시행하였고, 복지비 축소, 소득세 완화 등의 중장기 개혁안인 '어젠더 2010'을 추진하였다. 자당인 사민당의 극심한 반대에도 불구하고 독일의 장래를 위하여 밀어붙였다.

역사적으로 성공한 개혁은 살을 도려내어야 성공한다는 말이 있다. 2005년 선거에서 패배할 줄 알면서도 국가 장래 이익을 위해 개혁을 진행했다. 좌파 정권 스스로 지지기반의 가장 예민한 부분을 건드린 것이다. 슈뢰더의 개혁안으로 영향을 받은 사람들이 슈뢰더에게 등을 돌리면서 2005년도 선거에서 우파당에 정권을 이양하게 되었다. 그는 “진정한 지도자는 자신이 내린 결단 때문에 선거에서 질 수 있다는 위험까지 감내할 수 있어야 한다.”라고 했다. 이러한 슈뢰더 총리의 개혁 덕분으로 마이너스 성장률이 반등이 되는 등 독일의 재번영이 시작되었다. 후임 메르켈 총리는 “현재 독일의 성공은 슈뢰더의 헌신에 뿌리를 두고 있다는 것을 의심할 여지가 없다.”고 칭송하고 있다.

지금 우리는 라인강의 기적을 일으켰던 나라가 유럽의 병자로 추락했다가 다시 세계의 강자로 떠오른 독일의 예를 주목해야 한다. 한강의 기적을 이룬 한국도 선진국으로의 도약이 번번이 실패하고 있는데 지금의 형국을 보면 퍼펙트 스톰이 밀려오는 느낌이다. 조선의 배는 가라앉고, 컨테이너는 바다에서 표류하고 있고, 핸드폰은 먹통이 되고 있고, 지하철은 지그재그로 갈팡거리고, 고속도로를 달리던 자동차는 국도를 달리다 지방도에서 헤매고 있는 꼴이다. 대한민국의 피가 돌지 않고 있다. 그 중추인 대동맥 격인 정치로 인해 더욱 피가 돌지 못하고 있다.

독일은 한 리더의 혜안으로 다시 경제대국으로 부상을 했는데, 우리나라는 그러한 지도자가 왜 안 나오나 하는 자괴감이 든다. TV를 보면 울화가 치밀어 오르는 이야기로 도배되고, 이 비상시국을 해결하는 지도자는 안 보이고, 한국호가 이대로 주저앉을지도 모른다는 걱정을 우리 국민들이 해야 하는가? 왜 한사람의 지도자 때문에 나라가 이 지경이 되고 있는가? 옛날에 심훈 선생님이 찬란한 여명을 바랐듯이 우리도 다시 한 번 광채가 빛나는 여명으로 한강의 기적이 다시 태어나길 기대한다.

〈2016. 11. 01.〉

천민자본주의

아침에 출근하면서 라디오를 듣곤 한다. 라디오 어떤 프로에서 연예인을 상대로 인터뷰를 전문적으로 하는 기자가 초청되어 사회자하고 이야기하는 내용을 들었다. 그 프로에서 기자에게 사회자가 인터뷰하면서 기억에 남는 연예인 3명을 꼽아달라고 주문을 했다. 그 기자가 3명에 대하여 이야기를 시작했다. 3위는 아역배우인데 그 아역배우를 몇 번 인터뷰를 했는데 그 매니저에게 전화가 걸려와 주소를 알려달라고 했단다. 아역배우가 전화를 할 것이며, 조그만 선물을 보내고 싶어서 주소를 알아보는 것이라고 했다. 선물이 왔는데 아주 비싼 화장품이라 놀랬다면서 그 아역배우가 인상에 남는다고 했다.

2위는 그 프로의 사회자가 외국에 있으면서도 결혼식에 두툼한 봉투를 보내어 감사하고 기억에 남는다고 했다. 1위는 유명한 가수인데 우연히 사무실에서 만났는데 인사하고 나오려고 하는데 불러서 가보니 결혼식 때 못 가봤다고 미안하다면서 두툼한 봉투를 줘서 감사하고 기억에 남는다는 이야기였다. 이 기자가 기억에 남는다는 연예인은 자기에게 선물을 줬거나 두툼한 봉투를 전달한 공통점이 있다. 공중파 방송인데 이런 이야기가 나와야 하는지 개탄을 금할 수가 없었다. 이런 모습이 우리 사회를 대변하는 것 같아서 정말로 씁쓸했다.

아무리 그래도 방송에서 이런 이야기가 나올 수 있을까? 아무리 한국 사회가 자본주의의 물질 만능주의로 가고 있지만 해도 너무하는 것 아닌가하는 생각이 든다. 너무 이기적이고 사회갈등을 부추기는 발언이었다. 우리사회가 고도 성장기를 거치면서 물질만능주의가 만연하고 있다. 돈이 사람을 평가하는 가치가 되고 있다. 타인의 처지를 무시한 채 개인의 이익에 집착한 나머지 이기주의로 타락하게 된 것을 천민자본주의라고 부른다. 언제부터인가 우리사회가 천민자본주의의 사회로 변해가고 있다. 방송에서 선물과 봉투를 준 사람만이 기억에 남는다고 아무렇지도 않게 이야기하는 것이 천민자본주의 아니고 무엇인가?

매스컴의 영향은 실로 대단하다. TV드라마를 보면 재벌2세 등 부잣집 아들 딸들의 이야기가 주를 이룬다. 재미를 추구한다고는 하지만 극중의 주인공이 되고 싶어 하고, 돈만 있으면 다 되는 물질만능주의를 뒤쫓게 한다. 방송에서 봉투를 운운하는 기자의 인터뷰를 듣고 하루 종일 마음이 편치 않았다. 천민자본주의의 끝판왕 한마디 "능력 없으면 니네 부모를 원망해, 돈도 실력이야."

〈2016. 11. 26.〉

어떤 기사

기업이 불 밝히는 서산
기업 떠나 불 꺼진 군산

기업이 미래다 ④

"현대중공업 군산조선소가 철수하면 군산시 근로자 가운데 4분의 1인 6300여 명이 올해 여름부터 손가락만 빨고 있어야 합니다. 가족까지 포함하면 2만여 명의 생계가 위태로운 상황입니다." (임남원 JY중공업 전무)

기업 활동 따라 울고 웃는 지역 경제

지역	업종	현황
군산	조선	반년 새 1,000여 명 실업
목포	조선	경기실사지수 1년새 반 토막(58→26)
부산	조선 해운	올해 지역 경기 악화 전망 52%
반월·시화	전자	수출액 2년 새 14% 감소
서산	화학 등	4년간 3,000개 일자리 창출

2017년 1월 4일자 모 신문 1면에 보도된 기사다. 4면에는 "조선수 철수에 꽁꽁 언 군산, 도시 전체가 망한다" 5면에는 "기업 138개 들어오니 서산시민 소득 4만 달러로"라는 제목으로 분석을 했다. 경제신문에 이렇게 인근 서산시의 기사가 실려서 자세히 읽어보게 되었다. 공무원 재직 때 주로 경제부서에서 근무했기 때문에 기업유치 하러 다니던 옛날 생각이 주마등처럼 스쳐갔다.

신문 기사의 주요 내용을 소개하자면 군산에서 현대중공업이 철수하면서 2만여 명의 생계가 위태로운 상황이다. 서산에는 지난해 42개 기업을 유치 17만 인구가 곧 20만 명을 돌파할 것 같다. 대한민국 서산이 뜨겁게 달아오르고 있다. 서산 인더스밸리에 위치한 광성강관공업 박 대표는 시화공단에서 이전을 하려고 당초 서산, 화성, 당진, 충주 등을 후보지로 검토했는데, 서산시 공무원들이 30번 가까이 찾아오며 끈질기게 유치활동을 벌여 서산으로 마음을 굳혔다고 했다. 이완섭 서산시장은 지난해 유치 목표기업은 20곳이었지만 두 배가 넘는 42곳을 유치했다고 밝혔다.

서산시는 2016년 11월 17만 546명으로 계속 인구가 늘고 있으며 2~3년 안에 20만 명을 돌파할 것으로 기대하고 있다. 인구증가로 주택건설 붐이 일고 있다. 서산은 기업도시를 넘어 관광도시로의 비약도 준비 중이다. 오는 4월 산둥반도와 대산항을 잇는 국제여객선이 취항한다. 이완섭 서산시장은 다른 기초단체장을 만날 때면 표정관리하기 바쁘다. 취임한 지 불과 5년만에 서산=기업도시라는 인식이 전국에 확산됐다.

이시장은 "이전 기업에 주는 인센티브는 지역별로 큰 차이가 없다. 기업 유치의 관건은 공무원들의 열정과 믿음을 주는 행정서비스이다."라고 밝혔다. 최신득 서산시 기업유치팀장은 "어떤 기업이 수도권에서 지방 이전을 검토한다는 첩보를 입수하면 해당 기업을 20~30회 방문하는 것은 기본"이라며 "일단 서산으로 이전이 결정되면 법의 테두리 안에서 모든 행정지원을 아끼지 않는다."고 말했다.

위와 같이 신문에서 소개하였는데 상전벽해가 된 느낌이다. 세상이 이렇게 바뀌기도 하는구나 하는 생각이 든다. 내가 지역경제과장할 때 서산은 보이지도 않았었는데 말이다. 그 때의 상황과 지금의 상황이 어떻게 변했는지 분석해 보고자 한다.

〈2017. 01. 04.〉

기업유치에 대하여(1)

당진시청 기획계 직원으로 재직할 때 서해안 개발 업무를 보았고 공업계장을 2년 동안 하면서 기업관련 업무를 맡았다. 그러면서 기업에 대하여 눈을 뜨기 시작했다. 기업유치를 본격적으로 해본 것은 지역경제과장을 할 때였다. 600개 이상의 기업 유치를 하면서 기업에 대하여 많은 것을 배웠고 지금은 그때의 경험으로 GAS사업을 하게 되었다.

경제과장은 2007년부터 2009년까지 만 3년을 했다. 기업유치는 2007년도에 270개, 2008년도에 160개, 2009년도에 194개 실적을 올렸다. 3년 동안 충청남도에서 주는 기업유치 시상에서 항상 당진이 1등을 했다. 매년 1위가 당진, 2위가 천안, 3위가 아산이었다. 전국에서 당진의 기업유치가 제일 많았고, 지식경제부에서 입지보조금을 당진에서 제일 많이 가져와 기업에게 지원을 해주었다. 당진이 1년에 200개 기업을 유치할 때 인근 서산시는 15개, 예산시는 5개 정도밖에 하지 못했다. 그것도 서산시나 예산군에서 유치활동을 해서 유치한 실적이 아니라 당진에서 유치하기 어려운 업종을 서산시나 예산군으로 보내서 유치한 실적이었다.

내가 경제과장 시절 이완구 도지사가 충청남도 기업유치 설명회를 서울 모 호텔에서 한 적이 있었다. 시 · 군 경제관련 부서 담당자들이 함께 설명회에 참석을 하였고, 각 시 · 군 부스에서 유치

상담을 하였다. 당시 잘 아는 서산시 경제과 팀장이 상담을 하면서 설명을 하는데 당진은 땅값이 200만 원이 넘고 서산은 20만 원밖에 하지 않으니 서산으로 오라는 이야기를 하고 있었다. 이 이야기를 우연히 옆에서 듣고 그 팀장에게 거짓말 좀 어지간히 하라고 한 기억이 있다. 당진 때문에 서산에 기업유치 하기가 얼마나 힘들었으면 팀장이 그렇게 거짓말을 했을까 하는 심정이었다.

경제과장을 하면서 직원들하고 일주일에 많게는 3~4번 수도권에 출장을 가서 기업들을 찾아다니면서 기업유치활동을 했고, 사무실에 있을 때는 기업들과 상담 약속을 잡아 입지상담을 했다. 상담할 때 많게는 5~10팀이 항상 대기하고 있었고, 경제과 사무실이 시장같이 시끄러웠다. 당시 당진하고 서산은 비교할 수 없을 정도로 극심한 차이가 있었다.

기업유치 하러 수도권을 다니다 보면 충남도청 투자유치담당관실 박 모 사무관을 자주 만났다. 박 사무관은 전국 행정공무원 중에 기업유치의 달인으로 선정된 인물이기도 했다. 우리는 당진으로 기업유치를 위해 뛰어다니고, 박사무관은 기업유치를 하여 발전이 더딘 충남의 남부권으로 유치를 하기위해 뛰어다녀서 그와 마찰이 많았다. 행자부에서 펴낸 '2012 달인학개론' 이란 책 한 권을 박 사무관이 나에게 주었다. 그는 그 책에 기업유치의 달인으로 소개가 됐다. 그에 대해 기록된 부분을 소개해 본다.

"나는 기업유치가 아무리 힘들어도 기업유치와 관련된 일이면 내가 최고의 전문가라는 생각으로 더 고민하고, 열심히 발로 뛰고, 더 치밀하게 준비한다. CEO가 원하는 것을 적시에 제공하려면 CEO의 입장에서 생각하는 열정과 전문성을 겸비해야 한다. CEO의 물음에 정확히 답변을 못하면 CEO가 신뢰하지 않는다.

기업유치와 관련해서는 아무도 대신할 수 없기 때문에 나만의 노하우를 쌓기 위해서 쉼 없이 배우고 학습해야 한다. 그 누구도 따라올 수 없는 전문가가 되지 않고는 성과를 낼 수 없다."

박사무관의 한 가지 유치 사례를 든다면 모 회사가 지방으로 이전을 하는데 회사 자체 입지후보지 선택에서 전북이 1위, 충남이 2위이었다. 박 사무관이 이를 알고 매일 아침마다 그 회사 회장의 집 앞에서 출근하는 회장에게 인사를 하였다. 회장이 나중에는 수행비서에게 "저 사람이 누구기에 아침마다 나에게 인사하나?" 라고 물었다. 비서가 "저 사람은 충청남도 투자유치담당관실 사무관인데 우리 회사가 지방으로 이전하려는 계획을 알고 아침마다 회장님에게 문안인사를 드리는 겁니다."라고 대답했다. 답변을 들은 회장이 "저 정도 열정을 가지고 유치활동을 할 정도면 우리회사가 충남으로 간다면 행정에서 모든 것을 도와줄 거 아니냐? 충남으로 가라."라고 했다. 공무원 한 사람의 열정으로 수조원의 기업이 충남 모 군으로 유치되게 된 사례이다.

박 사무관과 나는 1조 원 규모의 기업 유치를 놓고 경쟁을 한 적이 있다.

지금은 부곡국가산업단지에 입주해서 영업을 하고 있는 희성피엠텍, 희성촉매 기업이다. 희성그룹은 10조 원대의 매출을 가진 알짜 기업이다. 박 사무관은 충남도가 천안에 조성한 외투단지에 희성을 유치하려고 했고, 우리는 당진으로 유치하려고 경쟁을 했다. 희성은 당진, 평택, 파주, 상해 푸동을 놓고 저울질을 하고 있었다.

희성촉매, 피엠텍은 자동차 머플러에 들어있는 공기정화기를 생산하여 국내자동차 회사 및 외국 자동차 제조사에 납품하는 회사이다. 정화기에 들어있는 백금, 로디움 등 귀금속을 회수하는 국내 유일의 회사이기도 하다. 희성그룹 오너는 엘지그룹 구회장의 동생인데 엘지 구회장이 아들이 없어 동생 희성 구회장의 아들이 양자로 가 있어 앞으로 희성이 엘지를 지배한다고 볼 수도 있다.

한번은 시화에 있는 희성공장에 가서 사장과 이야기를 나누는데 경기도청 투자유치담당관이 직접 전화를 걸어와 "파주 산업단지의 화학코드를 풀었으니 파주로 오십시오."라고 이야기를 했다. 사장이 내게 "경기도청은 이렇게 기업을 위해 코드도 풀어주고 하는데 당진은 우리 회사를 위해서 무엇을 해줄 수 있습니까?"라고 하기에 "그럼 파주로 가슈!"라고 농담을 했다. 자동차 부품을 싣고 파주에서 평택, 아산, 군산, 울산으로 보낸다면 물류비가 엄청 들어가기 때문에 파주로 갈 수 없다는 사실을 잘 알고 있어 그렇게 가라고 이야기한 것이다.

바스프(희성이 외국기업 바스프와 50:50 투자한 회사)는 상해 푸동이 50년간 무상 임차이기 때문에 상해로 가라고 압력을 행사해 희성의 고민이 컸다. 결국은 지속적으로 설득하여 당진으로 오게 되었고, 희성 회장하고 식사를 하면서 희성이나 엘지가 공장을 이전한다든지 신설한다면 무조건 당진으로 오기로 구두 약속을 하기도 했다.

이렇게 도청하고 경쟁했던 이유는 유망기업 하나가 관내에 입지하면 들어오는 세금도 세금이지만 고용되는 직원들로 인하여 지역경제가 엄청 발전하기 때문이다. 또한 기업에서 세금을 받아서 기업을 주는 것이 아니라 매년 농업예산 900억 원, 복지예산 1200여억 원 등에 충당하여 지역주민을 위하여 쓰기 때문이다. 수도권에서 지방으로 이전한다면 제일 먼저 선택하는 곳이 당진이었다. 그 당시에는 기업하기 좋은 곳으로 당진이 전국 1번지였다.

그래서 전국 유명 중앙지 신문들이 앞 다투어 당진을 취재하러 왔었고, 나도 수차례 취재에 응하기도 했다. 중앙지에 실려 지인들에게 축하 전화도 많이 받았다. 그중에 인상이 남았던 기자가 있었다. 2008년 9월경에 경북일보 편집국장이 경제과에 와서 1시간 반 정도 취재를 하였다. 내게 이야기를 듣더니 포항시의 공장이 당진에게 다 빼앗기게 되었다고 큰 걱정을 하였다. 그리고 나에게 포항시청에서 1시간만 특강을 해달라고 애원을 하였다. 그래서 내가 "포항은 이미 발전하여 50만 명 인구가 되었고, 당진은 이제 막 잠에서 깨어 발전을 하려고 하는데 왜 그러시느냐?" 고 정중히 거절을 한 적이 있었다.

나중에 3일간 취재를 하고 르포 기사 후미에 "2박3일 간 취재한 결과 당진에 대한 업체의 인기는 상당기간 지속될 것으로 보인다. 특히 당진시의 역동적인 모습과 공무원들의 기업선진도시 창조에 대한 열의가 인상 깊었다."라고 썼다. 이렇듯 기업유치하면 당진이었다. 그런데 불과 10여년도 되지 않아서 상황은 반전됐다. 당진에서 안 받는 기업을 서산으로 보내주곤 했었는데 지금은 반대 현상이 벌어지고 있으니 참으로 안타까운 일이다. 그때 서산 시민들이 자조 섞인 이야기가 있었다. "당진은 날아가고 있고, 서산은 기어가고 있다." "서산시청 놈들은 도대체 뭐하는 놈들이냐?" 이 말은 내가 서산지역민들에게 들은 이야기이다.

당진에게 서러움을 당해서인지 지금 서산시청 공무원들의 마인드가 180도 변하였다. 내가 듣기로는 원스톱 행정처리를 해준다고 한다.

서류가 접수되면 아예 "오실 것 없습니다. 저희가 알아서 진행해 드리겠습니다."라고 할 정도로 적극적인 행정서비스를 한다고 들었다. 서산시장의 열의와 집념을 배워야 할 입장이다.

〈2017. 01. 06.〉

기업유치에 대하여(2)

먼저 예전 당진의 기업유치 현황 및 기업유치 경험에 대하여 기재를 했다. 예전에는 수도권규제로 인해서 수도권에서 당진으로 기업이 들어온 이유도 있었겠지만 그때나 지금이나 지역적 상황은 마찬가지이다. 당시에도 당진만 수도권규제의 영향이 있었던 것은 아니고, 지금 당진만 수도권규제완화의 영향 아래에 있는 것은 아니다. 당진이나 천안이나 서산이나 똑같은 여건이다. 어찌 보면 서산의 경우는 수도권에서 거리가 당진보다 더 멀어 불리한 입장임에도 불구하고 기업을 더 많이 유치하고 있으니 분명히 이유가 있을 것이다.

제일 큰 이유는 행정의 마인드에 있다고 본다. 기업유치나 투자유치는 일반인이 할 수가 없다. 기업을 이전하든지 투자를 하든지 그 지역 행정기관에서 인허가를 받아야 하고, 또 공무원의 믿음을 보고 투자를 하기 때문에 공무원들이 유능하든지 무능하든지 간에 공무원들의 활동에 의지할 수밖에 없는 것이 현실이다. 그러므로 행정가들이 어떤 마음가짐을 가지고 있느냐에 따라서 기업유치라든지 투자유치가 결정이 된다.

그러면 서산과 당진을 비교해 보자. 서산은 과거 어려움을 겪었던 경험을 바탕으로 지금은 원스톱 행정을 실현해 주고 있다. 그리고 공무원들이 한 개의 기업을 20~30번씩 찾아다니며 유치활동을 벌이고 있다. 그런데 당진의 현실은 어떠한가. 내가 겪은 경험을 바탕으로 설명해 보고자 한다.

〈사례 1〉

신평 거산리 소재의 한 기업체 사장이 내 사무실로 찾아와 하소연을 했다.

당진시를 상대로 손해배상 청구소송을 하겠다고 한다. 들어보니 공장이 좁아 증설을 하려고 공장 옆 밭을 사서 증설허가 신청을 했는데 반려됐다는 것이다. 이유는 기존공장하고 증설하려는 부지 사이에 1m도 안 되는 구거(도랑)가 있는데 구거사용 동의를 해줄 수가 없고, 별도의 공장으로 진입도로를 다시 만들어 허가를 받아야 한다는 것이다.

내가 이야기를 다 듣고 나서 관련 부서에 전화를 걸었다. 내가 지역경제과장을 할 때는 기존 10m이상 쓰고 있는 구거 등도 사용허가를 해주면서 기업체 인허가를 해주었는데 이렇게 쓰지도 않는 구거를 건너간다는데 사용허가를 해주지 않으면 당진 관내에서는 아무것도 하지 못하는 것 아니냐고 물었다. 그리고 다른 과에 전화를 걸어 기존공장 바로 옆인데 증설이 아니라 새로운 공장으로 허가를 받으면 기업을 지원하는 것인지 기업을 하지 말라는 것인지 모르겠다고 설득했다. 결국 승인을 받게 해주었다.

〈사례 2〉

합덕 소소리에 있는 기존 공장이다. 공장에 가스보일러를 설치하는데 기존 건물에 덧붙여 보일러실을 증축하는 건이었다. 3개월이 넘어도 건축허가를 받지 못했다. 사장에게 이야기를 들어보니 무슨 코미디 같았다. 건축사 사무실에 맡겨 진행을 하고 있는데 허가가 안 나 죽을 지경이란다. 그래서 관련부서에 알아보니까, 허가과에 서류를 넣었고, 3개월만에 기업지원과로 넘어가서 현재 기업지원과에서 검토 중이란다. 설계사무소는 먼저 기업지원과에서 인허가를 받은 후에 허가과로 건축허가를 접수시켜야 하는데 일을 거꾸로 했다. 기존공장이니까 기업지원과에서 코드에 맞게 인허가를 받아야 하고, 그 후에 허가과에서 건축허가를 받아야 하는데 먼저 허가과로 접수를 해서 이상한 일이 발생 한 것이다.

그리고 허가과는 서류가 잘못 접수되었으면 이에 대하여 먼저 기업지원과에서 인허가를 받은 후에 허가과로 건축허가를 접수하라고 바로 잡았어야 했고, 또 허가과에 접수된 서류가 관련 부서로 회람이 돌아가면 기업지원과에서는 이건 우리과에서 먼저 승인을 받은 후에 허가과에서 처리해야 할 일이라고 걸러 주었어야 했던 사항이다. 어째든 보일러실 하나 증축하는데 인허가만 4개월 이상이 걸렸고 연말에 은행권 민원과 겹쳐서 대략 3억 원의 손실을 입었다고 사장의 불만이 이만저만이 아니었다.

〈사례 3〉

모 산업단지에 들어오는 기업의 사례이다. 시화에서 이전해오는 기업이다. 산업단지는 단지별로 입주 코드(종목)가 있다. 그 코드에서만 기업허가를 받을 수가 있다. 즉 산업단지마다 특징이 있는 것이다. 이 기업이 당진시 기업지원과에서 입주승인을 받아서 100억 원이 넘는 금액을 주고 토지분양을 받아서 건축설계를 하여 시청에 건축허가를 접수했다. 시청 건축과는 조례에 의해서 해당 면 주민자치위원회에 회부를 했고, 그 주민자치위원회는 부결을 하였다. 기업지원과 시장은 입주승인을 해주고 건축과 시장은 부결을 한 셈이다. 그리고 산입법에 의거 승인을 해주었는데 5단계 아래인 주민자치 조례가 법을 이긴 코미디 같은 행정이 벌어진 것이다. 그러면 결과는 손해배상을 해주어야 한다. 당장 손해배상 청구소송을 하면 당진시는 전부 물어주어야 할 판이었다. 그래서 시청에서 해당 주민자치위원회보고 문제가 심각하니 제발 승인 좀 해주라고 종용을 했고, 우여곡절 끝에 승인이 난 사례가 있다.

위와 같은 사례를 들어보았다. 그런데 시청은 이렇게 행정행위를 했다고 치자. 행정은 그 당시 행정 행위를 한 것으로만 끝나는 것이 아니라 항상 그 여파가 뒤에서 따라오게 마련이다. 즉 행정행위에 대한 평가가 따른다. 예를 들어 〈사례 3〉의 경우 해당 기업의 회장이 시화공단 경영자 협회에 나가서 당진시에 대하여 무어라고 하겠는가. 좋은 이야기가 나오겠는가. "당진에 가니까 산업단지에 들어가는 것도 주민자치 위원회에서 부결하더라. 절대로 당진에 가면 안 된다."라고 하지 않았으면 다행이라고 본다. 기업에서 이야기한 것을 말하고 싶지 않다.

서산하고 당진하고 기업유치 투자유치에 대하여 차이가 나는 이유가 분명히 있다. 서산은 원스톱으로 행정처리를 해주고 기업이 이전한다면 20~30번을 찾아가서 상담을 해주는 반면에 당진은 위 사례에서와 같이 원스톱이 아닌 접수되는 기업도 이것 따지고 저것 따지고 있으니, 기업이 어느 쪽으로 가겠는가. 기업들은 매우 신중하게 움직인다. 경제과장 시절 상담을 하다보면 기업에서 온 임직원 및 직원들은 해당 지자체의 교통여건 등 지역

여건에 대해 미리 분석을 한 후에 공무원들과 상담을 하면서 공무원의 태도, 지식 수준, 기업의 지원에 대한 의지 등을 꼼꼼히 적어 윗사람에게 보고를 한다.

기업유치든지 투자유치든지 인식이 매우 중요하다. 수도권의 기업들에 대하여 설문조사를 해보면 금방 나타날 것이다. "귀 기업은 지방으로 이전을 한다면 당진으로 가고 싶은지? 어느 지역으로 가고 싶은지?" 그 인식을 바꾸는 데 1~2년 가지고는 매우 어렵다. 상당히 어려운 난제이기도 하다. 옛날 당진에게 수모를 당했던 서산이 이제는 당진을 앞지르고 있는데, 그럼 이제 당진이 다시 서산을 앞지르려면 어떻게 해야 할까?

〈2017. 01. 11.〉

기업유치에 대하여(3)

기업 유치나 투자유치에 있어 지금과 같은 현상이 벌어진 이유에 대하여 철저한 분석이 뒤따라야 한다. 원인 분석이 있어야 대안을 강구할 수 있고 방향이 정해지면 대안의 실행에 매진하여야 한다. 원인과 대안에 대하여 본인 경험을 바탕으로 몇 가지만 분석해 본다.

1. 제일 먼저 지자체장의 의지이다.

지방자치단체장의 행정 방향에 따라 전 직원이 그대로 움직이게 되어있다. 자치단체장이 오른쪽으로 가면 전 직원이 오른쪽으로 가고, 장이 왼쪽으로 가면 전 직원이 왼쪽으로 간다. 예를 든다면 이완구 도지사의 경우, 투자유치 담당관을 데리고 외국의 자본유치를 위해 뛰어다니는가 하면, 기업유치를 위해 특진을 약속하는 등 기업유치와 투자유치를 위해 온 행정력을 쏟아 부었다. 지자체장이 투자유치에 전적으로 신경을 쓰니까 해당 공무원들은 도청으로 출근을 하지 않고 밤낮을 가리지 않고 필드에 뛰어 다녔다. 충남에서 서산시와 논산시는 시장이 투자유치만이 지역을 살릴 수 있다는 신념을 갖고 직접 뛰어다니고 있다. 지방자치단체 장의 의지가 어느 곳에 있느냐가 제일 중요하다.

2. 다음으로 중요한 것이 행정 시스템이다.

기업이 허가 신청을 하면 기업 편에서 서류를 검토하고, 미비한 것이 있으면 한 번에 보완을 하도록 해야 한다. 한 가지 보완하면 또 다른 것을 지적하여 보완을 시키는 그런 시스템이 지속되면 기업하기 아주 어려운 곳으로 낙인이 되어 버린다. 서산은 원스톱 행정서비스를 해준다고 소문이 나있다. 당진의 행정 시스템은 이것 따지고 저것 따지고 인 · 허가 받기가 매우 어렵다고 소문이 나있다. 기업하기 좋은 시군 평가에서 3등급을 받은 이유가 여기에 있다. 하루빨리 행정시스템을 바꾸어 직원들이 기업체를 찾아가서 서류를 보완해주는 서비스를 해주어야 인식을 바꿀 수 있다.

3. 기업인들의 요구 사항을 잘 파악해야 한다.

기업인들의 애로사항이 무엇인지 잘 파악해서 미리 미리 대처하여야 한다. 기업인들이 당진에 들어와서 느끼는 사항이 있다. 기업인들에게 들어보면 불만 사항이 한두 가지가 아니다. 불만 사항 들어보면 금방 개선되는 사항보다 장기적으로 보완해야 할 사항이 많을 것이다. 그런 사항에 대해 행정에서 장기적 시각으로 대안을 마련해야 한다. 현재 장기계획을 수립해서 추진하고 있는지는 몰라도 만약에 그런 계획이 실행되고 있지 않다면 하루 빨리 계획을 수립하여 실행에 옮겨야 한다. 그래야 기업하기 좋은 고장, 투자하면 돈 벌 수 있는 고장으로 소문이 날 수 있다.

4. 제일 유능한 공무원을 기업유치, 투자유치 업무에 배치해야 한다.

과거 30년 공직 생활을 하면서 겪은 경험으로는 어느 누가 시장·군수가 되어도 자치행정과 등 지원부서에 유능한 공무원을 배치하고 있다. 행정에서 소위 말하는 지원부서는 지역발전과는 전혀 상관이 없다. 그런 지원부서는 시장 군수 개인이 편하기 위해 두는 부서나 다름이 없다. 자치행정과 같은 경우 인사부서가 있어 시장의 입맛에 맞추어야 하고, 연설문 등을 작성하기 때문에 시장의 의중을 잘 받들어야 하고, 시장 지시사항을 각 과에 전달하고 실천하는지 등을 감독해야 하는 등 시장의 수족이나 다름없는 일을 해야 하기 때문에 유능한 공무원들을 지원 부서에 두고 있다. 지역이 살려면 기업유치 투자유치만이 살 길이기 때문에 지역발전과는 전혀 상관이 없는 지원부서에 유능한 직원을 배치하지 말고 지역발전과 관련된 업무에 유능한 공무원들을 배치하여야 한다.

5. 투자유치 등 관련 공무원들에 대하여 인센티브를 주어야 한다.

인간은 내가 하는 일에 대하여 성과를 올리면 그만큼의 보상을 원하기 때문에 공무원들이라 하더라도 일정 수준의 성과를 올린다면 승진 등 인사상의 혜택이 주어져야 한다. 지금은 자치행정과 등 지원부서에서 근무하면 인사고과를 잘 받아 승진하는데 빠르기 때문에 지원부서로 유능한 공무원들이 몰리는 현상이 발생하지만, 발상의 전환을 하여 지역발전과 관련된 부서에 근무하는 직원들이 인사상의 혜택을 받는다면 유능한 공무원들이 몰려들고 이로 인해 지역의 발전이 가속화할 것이다.

6. 시민의 의식 변화다.

모든 사람들은 변화를 좋아하지 않는다. 있는 그대로 살고 싶은데 옆에 공장이 들어서면 당연히 싫어하게 되어있다. 그래서 기업과 주민들 간 갈등이 항상 존재하고 있다. 현직에 있을 때 헤아릴 수 없이 민원 중재를 한 경험이 있다. 예전에는 산업단지가 없어 어쩔 수 없이 개별입지로 기업이 들어와 갈등이 표출되었지만 지금은 산업단지가 조성되어 있어 그런 갈등은 점차 줄어들고 있다. 기업유치와 투자유치가 없으면 지역발전은 없기 때문에 기업과 지역주민과 상생하는 방법이 강구되어야 한다. 기업이 살아야 나라도 살고 지역도 살기 때문에 기업에 대하여 나쁜 감정만 가질 것이 아니라 상생할 수 있는 인식의 변화가 있어야 한다.

7. 사실은 사실대로 공표해야 한다.

아래 도표에서 최근 4년간 기업유치 실적을 보면 서산시가 138개 기업유치, 당진시가 280개 기업유치 실적을 보이고 있다. 수치상으로 보면 당진시가 서산시보다 2배 이상 기업유치를 했다. 당진시가 280개 기업을 유치했는데 실제 들어와서 착공하는 기업은 거의 없다. 그럼 이런 수치는 어떻게 발생할까? 내가 판단하는 바로는 서산은 실제 유치 실적을 수치로 잡고 있고,

당진은 실제 유치 실적이 아니라 법인의 주인이 바뀌는 것도 실적을 잡는 것이 아닌가 한다. 즉 기업은 그대로 있고 주인이 바뀌면 시에서 승인을 받아야 하기 때문에 그 실적까지 들어간 것이라고 판단된다.

예전에 기업이 들어오는 것이 눈으론 보이질 않는데 기업유치 실적으로 100여 개가 되기에 해당 직원에게 물어본 적이 있었다. 법인 명칭 등이 바뀌는 것도 기업유치 실적으로 잡아서 그렇다고 담당직원이 이야기한 적이 있었다. 이렇게 실적을 포장할 것이 아니라 실제 있는 그대로 행정을 공표하여야 할 것이다. 이렇게 실적을 포장한다면 직원들이 실적을 믿고 필드를 뛰어다니지 않는다. 실제 실적이 없으면 실적을 올리려고 노력은 할 것 아닌가? 그리고 있는 그대로 행정을 정직하게 해야 주민이 믿고 따른다.

〈2017. 01. 16.〉

산업단지 진입도로

며칠 전 송산을 갔다가 현대제철, 송산2산단과 당진IC를 연결하는 4차선 도로를 지나가게 되어 도로가 조망되는 높은 곳으로 올라가 보았다. 도로가 4차선으로 시원하게 뚫린 걸 보고 가슴이 후련했다. 이 도로가 개통이 되면 송산에서 당진으로의 교통이 한결 수월해질 것으로 본다. 이 도로는 당진시나 충남도가 예산을 투입해서 시설하는 도로가 아니고 순수 국비 100%를 투자하여 시설하는 산업단지 진입도로로 국비 지원을 받아 개설된 도로다.

현대제철도 개별 입지가 아닌 산업단지로 승인을 받았다. 만약에 현대제철이 산업단지가 아닌 일반입지로 승인을 받았다면 진입도로로 국비 지원 요청을 하지는 못했을 것이다. 현대제철이 산업단지로 신청한 이유는 현대제철에 득이 되기 때문에 신청을 했지만, 진입도로로 국비를 신청할 수 있는 계기가 되기도 했다. 처음 산업단지 진입도로로 국비 신청을 했을 때는 송산2산단이 승인이 되지 않은 상태였다. 사업규모가 500억 원 이상 되는 사업은 각 중앙부처의 투자분석과에서 분석하여 순위를 정하고, 기재부에 요구를 하면 기재부가 자체심사를 하여 대상 사업을 선정하고, KDI(한국개발연구원)에 통보하면 B/C분석에서 1.0이상이 나와야 국비지원 대상사업에 선정이 된다.

그때 당시 KDI에서 심사한 결과 현대제철 산업단지 진입도로는 0.8이 나와서 선정이 불가능했다. 그래서 송산2산단 자료를 가지고 심사관에게 설명하여도 송산2산단이 승인이 되지 않았는데 송산2산단을 넣어서 심사해 달라고 하면 어떻게 하느냐고 안 된다는 것이었다. 송산2산단 승인 신청이 국토부에 올라가 있으니 곧 승인이 될 것이고 제철소가 있으면 당연히 연관단지가 들어오기 때문에 승인이 나지 않는다고는 볼 수 없다고 설득을 하였다. 송산2산단을 넣어서 B/C분석을 하면 1.3이 나와서 국비 지원 대상이 되는 여건이었다. 다행히 우여곡절 끝에 송산2산단이 승인이 되면 국비지원이 되는 것으로 조건부 승인이 되어 9년여 만에 이 도로가 완공됐다.

〈2017. 01. 19.〉

드디어 월 매출 3억 원 돌파

드디어 BTB GAS 회사 6월 매출이 3억 원을 넘어섰다. 2014년 지분을 인수하여 대표이사에 취임한 지 만 3년이 넘어서면서 월 매출 3억 원을 처음 달성했다. 2013년 재무제표에 매출이 0이었는데 지금 월 매출이 3억 원이 넘어서 기쁘기 그지없다. 매출이 큰 회사와 비교하면 별것 아니겠지만 나의 기준으로는 이것도 매우 큰 금액이다. 처음에는 투자할 돈이 없어 신용보증기금 등 여러 은행들을 찾아 다녔으나 거절을 당해 어쩔 수 없이 잘 알고 지내는 지점장을 통해 1억 원을 대출받아 시작했다.

약 6개월 동안은 내 월급을 가져가지도 못할 정도로 어려움이 컸다. 과연 공무원 출신이 사업을 제대로 할 수 있을지 스스로도 의구심을 가졌다. 인생 2막을 어떻게 하면 성공적으로 개척할 수 있을까를 수도 없이 되새겨 보았다. 처음 기업체를 방문하여 BTB GAS를 이용해 달라고 협의를 하는데 다행히 이 회사 대표가 우리 회사 가스를 쓰라고 구매 부장에게 지시를 하였다. 그래서 '이 회사는 우리 가스를 공급할 수 있겠구나' 하는 기대를 가졌는데 결과는 낙방이었다. 분명히 대표가 담당 직원에게 BTB GAS회사 가스를 이용하라고 지시를 했는데 수차례 납품이 무산되자 오기가 생기기 시작하였다. 그때의 오기가 오늘의 월 3억원 매출까지 성장하게 한 동기가 된 것 같다.

기업을 찾아다니며 수없이 지역 기업 물품을 써달라고 애원도 해보고 우리 회사의 장점을 설명하기도 했다. 한 회사에 10차례 이상 방문한 적도 많았다. 지금은 당진뿐만 아니고 예산, 아산, 천안, 화성, 군산까지도 가스를 보내고 있다. 엊그제는 신보 지점장이 직접 우리 회사를 방문해 신용으로 2억 원을 대출해 줄 테니 쓰라고 하기에 "예전에는 신보에 가서 사정을 했는데도 거절하더니 웬일로 지점장님이 직접 오셔서 돈을 쓰라고 하시느냐?"고 농담을 하기도 했다. 우리 회사의 재무제표와 신용평가 결과를 보고 찾아 오셨단다.

영업사원 없이 내가 직접 영업 전선을 뛰고 있지만 우리 회사 직원들은 각자 맡은 분야에서 더 열심히 뛰고 있다. 내가 없어도 아침 8시면 오늘 어떻게 가스를 공급할 것인지에 대하여 회의를 진행하고 업무에 임했다. 이만큼의 회사가 되기까지는 직원들의 힘이 컸다. 항상 고맙게 생각하고 있다. 다음 주에는 유원지에 가서 월매출 3억 원 달성 기념 단합대회를 하기로 했다.

〈2017. 07. 27.〉

제3부 사회

2014년 한해를 보내며

올해는 많은 일들이 일어난 한해였다. 금년도 사자성어로 '지록위마(指鹿爲馬)'가 선정됐다하는데 맞는 말인 것 같다. 국가적으로 어수선한 한해였고, 무엇하나 제대로 된 일이 없이 지나지 않았나 싶다. 국가적으로도 어수선하게 지나갔지만 내게 금년은 인생에서 가장 변화가 심해서 좋게 말하면 스릴이 넘치는 한해였다. 작년 12월에 30년 넘게 생활해온 공직을 박차고 선거에 출마를 하여 열심히 선거운동을 하던 일, 또 한 6개월이나 1년 정도 쉬어보려고 했는데 쉴 새 없이 사업을 시작하여 이리 저리 뛰어다니면서 바쁘게 보냈다. 틀에 박힌 공직의 일상생활과 정 반대의 삶을 살고 있다.

공직에 임하는 동안 타협하지 않는 강직한 마음 하나로만 생활을 하였다. 오죽하면 모군수와 업무상 3번 크게 싸워 봤고, 모 군수 재임 때는 직원인사문제를 가지고 시키는 대로 하지 않고 강행한 적도 있었다. 그래서 불이익도 받아 봤는데, 그런 성격을 가지고 사회에 나와서 사업을 한다는 것은 어떻게 보면 무모한 짓이라는 것을 느끼고 있다. 그래서 그런지 또한 공무원 출신이 사업을 하니까 선입관이 있어서 그런지 다니다 보면 회사 임직원들이 하는 말이 공직생활을 하다가 사업하기가 얼마나 어려우냐하고 말들을 한다. 그 말에 전적으로 동의를 하고 있고, 몸에 익은 공직의 틀을 깨려고 부단히 노력 중이다.

하루아침에 변화를 하는 것은 힘들지만 그래도 노력을 하다보면 자세가 바뀔 것이라고 확신을 하고 있다. 그런데 다행인 것은 나는 주로 경제부서에서 일을 했다는 점이다. 그 때 사고방식을 많이 변화시키고 넓혀 지금에 와서 보면 나에게 큰 덕이 된 셈이다. 공직에 있을 때 혁신과 변화를 좋아하였다. 모든 행정의 관점을 다른 각도에서 바라보고 다르게 사고하는 버릇이 몸에 배어있었는데 어려움도 많았지만 보람도 많았다. 그때 몸에 밴 것이 사회에 나와서 큰 보탬이 되고 있다.

아는 사람들이 나에 대해서 걱정을 많이 해주는데, 나의 입장에서는 새로운 도전이 생기다 보니 두려움보다는 한번 해보자 하는 자신감이 생겼다. 자신감으로 현재 생활에 정착하고 있다고 생각하고 있는데 앞으로 두고 볼 일이다. 자신감만 있고 실적이 없으면 허사인지라 다가오는 새해에도 실적을 위하여 영업사원 입장에서 열심히 뛰어야 할 것이다.

어제 큰 건 계약을 하고 직원들과 망년회를 하게 돼서 기분이 좋았다. 몇 달을 공들여 계약을 성사시킨 업체인데 공장장이 "결국은 하셨네요."라고 말하는데 좋은 이야기인지, 격려성 이야기인지 헷갈렸다. 경쟁업체와 가격경쟁을 해야 하는 것은 물론이고 본사가 최종 결정을 하는 구조이다 보니 본사 상대로 로비를 해야 한다. 이래저래 고충이 컸다.

한 건 한 건 성사를 이루면서 많은 것을 배우고 있다. 사회에 나와서 보니까 공직의 개념으로는 생각하지도 못한 일들이 생기고, 어쩌면 저렇게 생각할 수 있을까 하는 일도 비일비재하다. 또 그것을 무시해 버릴 수도 없다.

내 바로 옆에서 이루어지고 있는 일이니까. 직원들하고 송년회를 하면서 새해에는 새로운 각오로 일하자고 다짐을 하였다. 내일 하루가 지나면 새로운 한해가 시작된다. 내년도에는 무엇보다도 나 자신의 변화를 주문하고 싶다. 기업들을 다니다 보면 다들 어렵다고 하는데 외부의 어려움은 누구나 다 함께 겪는 것이다. 외부의 요인보다는 나 자신의 자세가 어떠하냐에 따라서 사업이 번창할 수 있느냐 없느냐가 결정될 것이다. 또한 나 자신의 능력이 어떠하냐에 따라서 블루오션의 시야가 보이거나 보이지 않는 차이가 있을 것이다.

〈2014. 12. 30.〉

영화 '국제시장'

당진 CGV 복합상영관에 처음으로 영화를 보러 갔다. 당진에도 CGV가 생겼다고 해서 궁금하기도 했고 '국제시장' 이란 영화가 워낙 유명세를 타서 그 영화를 보려고 마음먹었다. 주차가 어려울 정도로 차들이 많았고, 사람들도 많았다. 서산 롯데시네마와 규모가 비슷했다. 인근 평택이나 아산 CGV는 주차장이 넉넉히 완비되어 있어 편한데, 당진은 인근에 상가들이 들어오면 주차난으로 어려움이 클 것으로 예상돼 걱정이 된다.

영화배우 황정민이 6.25 한국전쟁을 겪으면서 독일 광부로, 파월장병으로 돈을 벌기 위해 가서 부딪치는 삶의 모습을 그린 영화로 가족을 위해 희생하는 장면들이 가슴을 뭉클하게 했다. 영화를 보는데 여기저기서 훌쩍훌쩍하는 소리가 들렸다. 나도 역시 훌쩍거리고 있다.

신평면장 할 때 경로당에 다니면서 느낀 것은 어르신들이 고생을 정말 많이 했다는 점이다. 우리 부모 세대들이 고생하신 것을 생각해 우리 후손들은 어르신들에게 고마움을 잊지 말아야 할 것이다. 일제 강점기의 핍박을 벗어나자마자 6.25 한국전쟁으로 고생을 하였고, 전쟁의 폐허에서 끼니를 해결하지도 못하는 보릿고개를 겪어야 했으며, 자식들을 위해서 뼈가 부서지게 고생을 하다보니까 이제는 생을 마감하여야 할 때가 온 것이다.

영화에서 자식들이 알아주지도 않지만 묵묵히 가족을 위해서 살아가는 모습은 우리의 부모님들을 보는 듯했다. 영화 마지막 장면에서 황정민 부부가 부산 영도다리를 바라보면서 쓸쓸하게 이야기하는 장면을 보면서 옛날 어르신들과 부모님 생각이 저절로 든다. 우리 집 아버지와 어머니도 영화 속 삶의 모습과 같다고 본다. 일제시대를 겪으면서 징용에 끌려가지 않으려고 도망을 다녔었고, 어머니는 아버지를 어디다 숨겨 두었냐고 일본인 순사에게 권총개머리판으로 구장집에서 밤새 얻어맞은 일도 있었고, 6.25때는 논두렁에서 밤을 새는 일이 허다했으며, 빨간 끈으로 허리띠를 했다고 경찰에게 붙잡혀가 지서에서 바지가 피로 물들 정도로 맞은 적도 있었단다.

내가 어렸을 때 아버지는 새벽부터 덜그럭 덜그럭 소리를 내며 가마를 짜셨다. 농사일이 힘든 것은 두 말할 나위가 없다. 한번은 주민등록을 갱신하는데 면서기들이 마을회관에 출장을 나와서 지문을 찍은 적이 있었다. 그때 아버지와 마을회관을 같이 갔는데 아버지는 지문이 닳아서 찍어지지 않았다. 그걸 보고 면서기가 하는 말이 "아저씨 일주일만 일하지 말고 지문이 생기면 그때 찍으시죠." 하던 말이 지금도 생생하게 기억에 남아 있다. 그렇게 뼈가 부서지게 일을 해서, 자신은 못 배웠으니 내 자식들만은 배워야 한다고 가르치셨다. 아버님의 일생을 마무리하는 모습을 옆에서 지켜보는데 자식 된 입장에서 후회스러운 마음이 이만 저만이 아니었다.

영화 국제시장을 보면서 많은 생각을 하게 되었다. '과거 이런 때도 있었구나.' 하는 생각이 들었다. 까맣게 잊고 있던 과거 일들을 생각나게 해준 영화였다. 퇴직하고 나니까 시간적 여유가 있어서 그런지 영화를 보는 시간이 많아졌다. 공직에 있을 때는 시간적 여유가 없었고 마음의 여유가 없어서 영화를 본다는 것은 생각을 하지 못했다. 사회에 나와서 마음의 여유가 있어서 그런지, 주요 영화는 거의 다 보고 있는데 확실히 많은 것을 느끼게 하는 시간이 되어서 좋은 점이 많다.

〈2015. 01. 02.〉

大虎

최민식 주연의 영화 '대호(大虎)'가 상영 중이다. 조선의 호랑이 대호, 지리산 산군(山君)으로 불리는 큰 호랑이의 사냥을 그린 영화이다. 이 영화에 일본군들이 동원되는데 왜 일본이 군인들까지 동원하여 우리나라 호랑이를 그토록 못 잡아서 안달이었는지 의구심이 든다. 영화에서는 그저 호랑이 사냥의 스릴 넘치는 장면들이 주를 이루지만 일본의 우리나라 호랑이 사냥의 역사는 임진왜란으로 거슬러 올라간다.

임진왜란때 우리나라를 쳐들어 왔던 가토 기요사마 -호랑이를 토벌한 장본인

임진왜란 당시 가토 기요사마는 호랑이를 사냥하여 도요토미 히데요시에게 바쳐 총애를 받았다고 한다. 일본에는 섬의 특성상 호랑이가 없어 우리나라 호랑이를 사냥하는 것이 나름의 의미가 있던 모양이다. 일제 강점기에 이르러 일본이 본격적으로 한국 호랑이 사냥이 시작됐다. 1917년 일본의 정호군가(征虎軍歌)를 보면 "일본 남아의 담력을 보여주자, 호

1918년 구성된 호랑이 토벌대

랑이여 오라, 표범도 덤벼라, 조선 호랑이를 모두 사냥하고, 내년에는 러시아 곰도 사냥하자"라고 외쳤다고 하니 일본이 호랑이 사냥에 얼마나 집착을 했는지 알 수 있다.

1918년 발간된 정호기(征虎記)를 보면 우리나라 호랑이 사냥이 얼마나 일본의 관심거리였는지 알 수 있다. 일제 식민지 치하에서 돈을 엄청 벌었던 야마모토가 호랑이 토벌대를 구성하여 함경도 부근에서 기자단까지 동행해 호랑이 토벌을 한 기행문이다. 호랑이 등을 잡아서 기념사진까지 찍고 호텔에서 시식회까지 열었으니 한국 호랑이 고기를 실컷 먹으면서 무슨 생각을 했는지 궁금하다. 지금은 우리나라에 호랑이가 없으니 일본은 나중 무슨 핑계를 대고 우리나라를 넘볼지 모를 일이다.

〈2015. 12. 24.〉

금수저 정의

며칠 전 매스컴에서 올해 대학생들이 뽑은 신조어로 금수저가 선정됐다고 발표하는 것을 들었다. 얼마나 빈부격차가 사회 문제화 되었으면 금수저 흙수저 이야기가 탄생했는지 서글퍼진다. 사회적으로 반성해야 할 때이고, 앞으로는 소득 불평등이 줄어들 수 있도록 정책방향을 바꾸어야 하고 개천에서도 용이 나올 수 있는 사회적 토양을 만들어야 한다.

■ 금수저 흙수저의 SNS상 정의는 이렇단다.

- 금수저 : 자산 20억원 이상 or 가구 연수입이 2억원 이상
- 은수저 : 자산 10억원 이상 or 가구 연수입이 8천만원 이상
- 동수저 : 자산 5억원 이상 or 가구 연수입이 55백만원 이상
- 흙수저 : 자산 5천만원 이하 or 가구 연수입이 2천만원 이하

금수저를 물고 태어난 자식들은 사교육으로 명문대학을 나오든지 아니면 유학을 다녀와서 대기업에 입사하지만 흙수저를 물고 나온 자식들은 돈이 없어 사교육을 받을 처지가 안 돼 대학 진학이든, 취업이든 사회적으로 불이익을 받는 것이 현실이다. 이에 대한 불만이 이런 용어까지 탄생한 것이다.

금년도에 현대경제 연구원에서 발표한 계층상승 사다리에 대

한 국민인식 조사에서 열심히 노력해도 계층 상승 가능성이 낮다고 생각하는 사람들의 비율이 81%로 나타났다고 한다. 그리고 부의 대물림이 심각하다는 의견이 90.7%라고 한다. 초등학생에게 장래 희망을 물어보면 재벌이라고 답하는 아이들이 대부분이라고 한다. 세대의 인식이 그만큼 바뀌어가고 있는 것이 현실이다.

그리고 요즈음 신조어 중 하나가 헬조선이다. 지옥조선이라는 뜻인데 한국이 얼마나 살기 어려우면 젊은이들이 한국이 지옥 같다고 할까. 역설적으로 이야기하면 한국을 떠나고 싶다는 이야기일 것이다, 빈부의 격차가 심하고 자수성가해서 돈을 벌기가 어려우니 보다 여유로운 삶을 위해서 외국으로 가고 싶다는 마음이다. 우리나라의 전체 자산의 분포를 보면 상위 10%가 하위 90%와 맞먹는다고 하니 그럴 만도 하다. 현 상황을 보면 부자는 더욱 부자가 되고, 반면에 가난한 자는 더욱 가난해지는 것이 현실이다.

내가 거래하는 회사 중 하나가 경비업체를 쓰는데 그 경비업체가 회장직속이라니 어디 중소업체가 해먹을 수 있는 것이 있나? 그러니 3포 세대, 5포 세대, 심지어 7포 세대라는 신조어가 나오고 지금은 그것도 모자라 N포 세대라는 말도 생겨났다. 앞으로 서민이 잘사는 사회와 경제 민주화를 위해서 정치권에서 잘해야 되는데 말이다. 젊은 세대와 그 뒤의 미래 세대에서는 이런 금수저, 흙수저, 헬조선, N포 세대 같은 신조어가 사라지는 날이 오기를 기대하면서 붉은 원숭이의 해를 희망차게 맞이했으면 한다.

〈2015. 12. 26.〉

'귀향' 을 보고

3.1절을 맞아 위안부를 소재로 한 영화 '귀향' 을 봤다. 일제에 나라를 빼앗겨 억울하게 위안부로 끌려가 갖은 수모와 노역을 당한 사실을 영화로 제작했는데 관객들이 거의 다 찰 정도로 성황이었다. 특히 관람객은 대부분 젊은이들이어서 젊은이들이 우리의 아픈 역사에 대해 관심이 많은 것을 볼 수 있어 마음이 흡족했다. 일제 때는 위안부뿐만 아니라 일본의 동남아공영권 주장으로 일본군으로 끌려간 징용군이 많았고 탄광 등에 징용된 젊은이들이 더욱 많았다.

나의 아버지도 동남아로 징용될 위기가 몇 번이나 있었다고 들었다. 징용이 내려오면 합덕 친척집으로 피신하셨단다. 그러나 피신하는 것도 한두 번이지 피하기 어려웠다. 2대 독자이신 아버지의 징용을 피하기 위해 쌀 2~3가마에 사람을 사서 대신 보내면 간 사람이 중간에 도망쳐 나오고, 또 사서 보내면 다시 도망쳐오기를 수차례 했단다. 아버지가 피신을 하면 어머니가 구장 집으로 끌려가 구장집 추녀 밑에서 "신랑 어디다 숨겨놨냐?"고 순사에게 밤새 권총 개머리판으로 머리에서 피가 철철 날 정도로 얻어맞은 적이 많았다고 한다.

그때 그 구장 아들이 내가 고등학교 다닐 때 우리 마을 이장이었다. 그 이장을 보거나 그 집 옆을 지나가면 추녀에서 얻어맞는

아베 신조 총리가 요시다 쇼인을 기리는 쇼인신사에서 참배를 하는 모습(좌) 아베 신조(우)

어머니 모습이 연상되곤 하였다. 그래서 어머니는 "아들 중에서 면서기도 나와야 되고 순사도 나와야 된다."고 항상 이야기 하셨다. 형제들이 모두 행정공무원과 경찰이 되었으니 한을 풀어드린 셈이다.

작년에 일본 야마구치현 소재 쇼카숀주쿠(松下村熟)가 세계문화유산으로 등재되었다. 쇼카숀주쿠는 메이지유신의 요람이자 일본 제국주의 이론의 산실이기도 하다. 아베 신조 총리가 가장 존경한다는 요시다 쇼인이 설립한 사설학당이다. 쇼시다 쇼인은 이곳에서 정한론(征韓論)과 대동아공영론(大東亞共榮論)을 가르친 인물이다. 대동아공영론이라는 것은 1940년에 일본 외상이 담화를 발표하면서 세상에 드러났는데 요지는 아시아 민족이 서양 세력의 식민지로부터 해방되려면 일본을 중심으로 대동아 공영권을 결성해야 한다는 것이었다. 말로 표현하면 그럴 듯하지만 아시아 전체를 먹겠다는 일본의 야욕이 숨어 있었다.

요시다 쇼인의 제자로는 초대 통감이었던 이토 히로부미, 초대 조선 총독이었던 데라우치 마사다케, 가쓰라테프트 밀약의 주인공인 가쓰라 다로 전 총리, 일본 근대화의 주역인 구사카 겐즈이 등이 있다. 이곳이 일본 제국주의 이론이 만들어진 곳이다. 이런 인물을 지금 일본의 총리인 아베 신죠가 정신적 지주라며 가장 존경한다고 하니 일본 제국주의의 망령이 다시 살아난다고 말하지 않을 수 없다.

지금 일본은 헌법9조에 있는 전쟁과 무력행사, 군대보유 금지 조항을 없애려고 아베가 부단히 노력하고 있다. 아베는 일본 헌법이 1945년 2차 세계대전에서 패한 후 연합국 통치하에 일방적으로 만들어졌기 때문에 우리 손으로 새로 헌법을 만들어야 한다고 그럴 듯하게 떠들고 있다. 아베는 과거 침략에 대해서는 "침략의 정의는 학계에서도, 국제적으로도 정해지지 않았다."고 망언을 한 사람이기도 하다. 아베 고조부는 1894년 임금이 있는 경복궁을 점령하고 청일전쟁을 일으켰던 오시가 요시마사이고 요시다 쇼인으로부터 정한론을 배운 자이기도 하다.

〈2016. 03. 02.〉

올바른 판단이 중요하다

도계분쟁에 대하여 한마디 하고자 한다. 이번 총선에서 도계분쟁이 이슈가 되었다. 총선후보자들 사이에서 이 이슈를 가지고 쟁점화하고 또한 자기에게 유리하게 홍보를 하느라 정신이 없다. 선거에서 이겨야 하니까 자연스러운 현상이라고는 하지만 지금 저변에 깔린 여론을 집약해 보면 현실과 너무 동떨어진 현상이 벌어져서 이를 바로 잡아야 당진이 제대로 간다는 생각이 들었기 때문에 소감을 몇 자 적어 보고자 한다.

2010년도에 당진군청 총무과장을 1년간 수행했다. 총무과장으로 갔을 때 평택시와 경기도에서 행정안전부 중앙분쟁조정위원회에 조정 신청을 냈다. 도청을 경유하여 행안부 공문이 왔는데 답변서를 제출하라는 것이다. 2009년도에 지방자치법이 개정되면서 신규 매립지에 대하여는 행안부 장관의 승인을 받도록 되어 있는데 당진군이 신규매립지에 대하여 승인을 받지 않고 등록을 하였으니 이를 바로잡아 달라는 것이다.

평택시가 당진시의 등록이 잘못되었다는 반박내용을 경기도청 소속 경기개발연구원에 의뢰해 책자로 만들었다. 이 책자는 평택항 입지여건을 볼 때 매립지가 평택시에 귀속돼야 한다고 주장했다. 특히 서부두 종사자들에게 설문조사를 하여 평택시로 편입되기를 희망한다는 조사결과도 실었다. 그 책자는 행안부에 제출됐다.

당진시도 반박자료를 만들어야 했다. 변호사를 선임하고 법리 논쟁을 벌이고 싸워야 했다. 가장 먼저 해야 할 일이 변호사 선임이었다. 그래서 도청 자치과를 찾아 도계분쟁이니 도청에서 변호사 선임 등을 도와주어야 한다는 주장을 했으나 도청은 별 관심이 없다는 듯 업무를 미루는 상태였다. 그래서 변호사 선임을 당진시가 하겠다고 결론을 내렸다.

그래서 서울 신촌법무법인 변호사를 선임하여 준비를 시켰고, 충남발전연구원을 찾아가 최 모 박사에게 평택당진항 입지여건 등 자연환경 분석을 비롯해 체계적 분석을 해서 경기개발연구원이 발표한 자료에 반박할 수 있는 자료를 만들어 달라고 신청했더니 자신들의 실력으로는 어렵다는 답변을 받았다. 그래서 다른 전문가의 도움을 받아야 했다.

경기도는 옛날부터 항만 용역을 많이 주었는데 충남도는 항만과가 없었고, 국가항만이 없으니 관심이 없어 용역을 준 사실이 없었다. 그래서 전문가들이 경기도 편을 들지 충남 편을 들기 어려운 건 사실이었다. 그래도 어렵게 관련 학회 부회장의 도움으로 준비를 할 수 있었다. 행안부 중앙분쟁조정위원회 업무를 자치제도과가 관장을 했는데, 평택의 정보를 알려고 자치제도과에 많이 다녔다.

한번은 행안부를 방문했는데 로비에서 "선배님 웬일이세요?" 하는 사람이 있어 돌아보니까 당진출신 김 모 사무관이었다. 그래서 내가 도계분쟁 때문에 자치제도과를 다닌다니까 누구를 만날 것이냐고 묻는다. 이 모 사무관을 만나야 한다고 하니 그가 "이 모 사무관은 내 멘토 선배인데요."라고 하며 그를 만나는 길에 동행해주겠다고 했다. 김 사무관과 함께 방문하니 이 사무관은 전보다 한결 부드러운 자세로 나를 맞아주었다. 이 사무관과 이야기를 나누다 보니 그는 충북 청원이 고향으로 충남에서 7급 공채 시험을 보고 아산시에 발령을 받았는데 첫 근무지로 면사무소에 배치해 불이익을 받았었다. 이후에 대전 대덕구로 갔는데 거기서도 동사무소에 배치하는 불이익을 당했다고 한다.

그래서 행안부에서 실시하는 소양고사 시험에 응시해 전국 1등 성적으로 행안부 발령을 받아 근무를 하고 있다고 한다. 그는 충남에 대해 많은 불만을 갖고 있었다. 그래서 그 동안 충남지역 민원에 적극 나서주지 않았던 것이다. 이 사무관이 내 바로 아래 동생하고 나이가 비슷한 것 같아서 "혹시 오규환 아느냐?"고 물어보니까 동기라고 했다. 그래서 '너 잘 걸렸다' 라고 생각을 하고 오규환이 내 바로 아래 친동생이라고 하니까 그때부터 형님이라고 하면서 태도가 180도 달라졌다. 행안부 자치제도과를 가면 "형님 오셨어요?" 하면서 대해주니 모든 일이 부드러워질 수밖에 없었다.

그래서 중앙분쟁조정위원회에 대한 성격과 어떻게 심의를 하는 것인지, 대상은 누구인지 등을 자세히 이야기 듣고 대비하기 시작했다. 예를 든다면, 심의위원 중 한 명이 국토해양부 연안계획과장이었다. 해상도계 분쟁이니까 국토해양부의 의견이 제일 중요하다고 판단을 해서 어떻게 이 위원을 설득해야 할지 방법을 궁리하게 되었다. 그래서 연안계획과 유 모 과장의 추천을 받아 그 과장의 직속 선배를 당진군 정책관으로 임명을 하였다. 그리고 유 과장에게 "당진군이 정책관을 좋아서 채용하는 게 아니고 유 과장님이 중앙분쟁조정위원이라 채용한 겁니다."라고 하였다.

지금은 그 분도 이미 퇴직을 하였기 때문에 이런 이야기를 쓸 수 있게 됐다. 작년 연말에 그 분이 나에게 전화를 걸어와 "퇴직하고 무얼 하느냐?" 고 묻기에 "가스장사 한다" 고 말해 한참 웃은 적이 있다. 모든 일은 사람이 하는 것이다. 법도 사람이 만들고, 집행도 사람이 하는데 법리를 다룰 때 확정적인 것이야 어쩔 수 없지만 그렇지 않은 사항은 팔이 안으로 접히는 것은 어쩔 수 없는 일이다.

평택시는 시장이 공약사항으로 땅 찾기를 주장했고 시장으로 당선이 되자마자 중앙분쟁심의위원회를 관할하는 행안부 자치제도과 출신을 평택시 부시장으로 임명하였다. 그러면 시장이 부시장에게 당신이 중앙분쟁조정위원회 업무를 보다 왔으니, 땅을 찾으라고 특명(?)을 하였음은 추측이 가능하다. 부시장 본인이 중앙분쟁조정위원들을 관할하는 부서 출신이고 또 그 직원들과 같이 근무했기 때문에 중앙분쟁조정위원들을 일일이 로비하지 않았다고 누가 믿을 수 있겠는가. 이미 평택시는 2014년 7월부터 작업을 하면서 마음에 여유를 느끼고 있었을 것이다.

그런데 당진시는 어떻게 했는가. 평택시가 그렇게 준비를 하는 동안 당진시가 어떻게 준비를 했는지 묻고 싶다. 행안부에 근무하는 모 직원이 당진시청에 내려와서 평택은 열심히 움직이고 있는데 당진은 왜 움직이지 않느냐고 하면서 움직이라고 조언을 했는데도 움직이지 않은 모양이었다. 2015년 6월 당진이 패소하자 그 직원이 나에게 전화로 "국장님 이럴 수가 있나요?" 하면서 하소연하는 말을 들어야 했다. 자세한 내용은 밝히기 어려운 점이 있다. '역사는 준비하는 자에게 있다' 라는 속담이 있다. 당진시도 평택시처럼 철저히 준비를 하였다면 이렇게 당하지는 않았을 것이다.

그런데 지역신문이나 지역여론을 들어보면 당진시의 안이한 대응에 대하여는 비판이 없고 선거를 틈타 국회의원 후보자들에게 모든 책임이 있는 듯이 몰아가고 있다. 이런 보도 형태를 보고 놀라지 않을 수 없다. 도계분쟁이 어떻게 국회의원 후보자들의 책임인가. 현재 계류 중인 대법원 소송에서 진다면 국회의원이 책임을 져야 하는가? 당진이 제대로 가려면 이러한 기이한 현상에 대하여 바로 잡아야 한다. 그래야 당진이 발전하고 미래가 있는 것이다. 지금이라도 계류 중인 대법원 소송에 대하여 철저히 준비하여야 한다. 2013년 선고한 '새만금방조제 일부구간 귀속 지방자치단체 결정 취소' 건을 면밀히 분석하여 준비해야 한다.

2009년도 지방자치법이 개정된 뒤로 매립지에 대한 경계 분쟁에 대하여 최초로 판결한 사항으로 그 판결문을 보면 '매립지가 속할 지방자치단체를 정함에 있어 고려해야 할 관련 이익의 범위 등은 다음과 같은 사항이 포함되어야 한다.' 라고 판결하였다. 내용은 ① 매립지내 각 지역의 세부 토지이용계획 및 인접지역과의 유기적 이용관계 등을 고려하여 관할 구역을 결정함으로써 효율적인 신규토지의 이용이 가능하도록 하여야 한다.

② 공유수면이 매립에 의하여 육지화된 이상 더는 해상경계선만을 기준으로 관할 결정을 할 것은 아니고, 매립지와 인근 지방자치단체 관할 구역의 연결 형상, 연접관계 및 거리, 관할의 경계로 쉽게 인식될 수 있는 도로 하천 운하 등 자연지형 및 인공구조물의 위치 등을 고려하여 매립지가 토지로 이용되는 상황을 전제로 합리적인 관할구역 경계를 설정하여야 한다.

③ 매립지와 인근 지방자치단체의 연접관계 및 거리 도로 항만 전기 수도 통신 등 기반시설의 설치 관리 행정서비스의 신속한 제공 긴급상황 시 대처능력 등 여러 요소를 고려하여 행정의 효

율성이 현저히 저해되지 않아야 한다.

④ 매립지가 인근 지방자치단체의 교통관계 외부로부터의 접근성 등을 고려하여 매립지 거주 주민들의 입장에서 어느 지방자치단체의 관할구역에 편입되는 것이 주거생활 및 생업에 편리할 것인지를 고려하여야 한다.

⑤ 매립으로 인하여 인근 지방자치단체들 및 그 주민들은 그 인접 공유수면을 상실하게 되므로 이로 인하여 잃게 되는 지방자치단체의 해양 접근성에 대한 현실적 이익 및 그 주민들의 생활기반 내지 경제적 이익을 감안하여야 한다.

위 사항을 종합해보면 결론적으로 주민편의, 행정효율로 압축할 수 있다. 이러한 사항에 대하여 미리부터 이를 준비하여야 한다고 주장해 왔고 지역신문에도 게재한 바 있다. 미리 준비했어야 하는데 아쉬울 따름이다. 현재 대법원에 계류되어 있는 상황에 대하여 꼭 이기도록 노력해야 하지만 뜻대로 안 될 경우 다른 방법도 찾아봐야 한다. 헌법재판소에 부산시와 경상남도가 부산신항만 경계분쟁 사건으로 제소가 됐는데 세상에 밝혀지지는 않았지만 헌재에서 도저히 판결하기가 어려워 양 지자체를 불러서 합의 종용을 한 사건이 있었다.

그 정황에 대하여 설명하려면 지면이 부족하니까 생략하기로 하고, 만약에 당진이 유리하다면 평택과 협의할 필요가 없겠지만 종합적으로 판단하여 불리하다면 평택과 합의를 하여 사전에 상생하는 방법도 강구할 수 있을 것이다. 과거 헌법재판소에 계류중일 때 지인의 도움으로 헌법재판소에 여러 번 다녔었는데 인간이 판단하고 결정을 내리기 때문에 정황을 파악하는 것은 그다지 어렵지 않다고 본다. 그 때도 당진에서 지방의원 일부와 일부 시민단체 등이 도계분쟁을 취하하라고 지속적으로 주장을 했지만 행정에서 중심을 잡고 취하하지 않았기 때문에 결국 승소를 했다. 지금이야 어렵다고 하지만 최선을 다하여 좋은 결과가 있기를 기대해 본다.

〈2016. 04. 22.〉

독도

오늘은 8월 15일 광복절로 71주년이다. 울릉도를 여행하고 돌아왔지만 독도 땅을 밟고 온 것이 평생 기억으로 남을 듯싶다. 독도 방문은 운을 시험해 볼 수 있는 곳이란다. 여행은 운이라는데 어느 신문에서 세계적으로 운이 있어야 볼 수 있는 여행지 5곳을 선정했는데 독도가 여기에 들어가 있다. 그 5곳은 다음과 같다.

첫째는 베네수엘라 카타톰 보강으로 번개가 많을 때는 시간당 2만 번까지 연속으로 이어진다고 한다. 둘째는 볼리비아 유니 소금사막으로 연중 12~3월 우기 때만 물 고인 소금 사막을 볼 수 있는데 그것도 비가 온 뒤 맑은 날만 볼 수 있단다. 셋째는 캐나다 옐로나이프로 오로라를 세계에서 가장 잘 볼 수 있는 곳인데 역시 운이 따라야 한다. 넷째는 백두산 천지로 청명한 백두산을 보기는 하늘의 별따기라고 한다. 마지막 다섯째가 독도이다. 독도는 접안 자체가 어려워 접안하는 것만으로도 운이 좋아야 가능하다고 한다.

내가 아는 사람은 독도에 두 번이나 갔는데 내려 보지도 못하고 그냥 돌아 왔다. 얼마나 서운했으면 그는 독도 가는 시간에 다른 곳을 보는 게 더 알차다고 말한다. 당초 계획은 울릉도에 도착한 즉시 독도에 가려고 했다. 약 8시간을 타야 하는 험난한 길이라서 독도 접안은 생략하려고 했다. 그래도 미련은 남아 여러 경로로 독도 접안에 대해 알아보았다. 마지막 날 오전에 독도를 가려고 했는데 가는 길에 대해 아는 사람들이 없어 난처했다. 울릉읍사무소에 독도 가는 배편을 알아보았지만 알 수 없었다. 저녁에 울릉군청 당직실에 물어보니까 거기도 잘 알지 못했다. 관광으로 먹고 사는 지역인데 군청과 읍사무소에서 모르니 어이가 없었다. 여행사에 물어보는 게 빠르다는 택시기사의 말을 듣고 여행사에 물어보니까 사동항으로 물어보라고 한다. 관광울릉도를 의심해야 할 당황스러운 상황이었다.

여기저기 물어 알아본 결과, 독도 가는 배편은 사동항에서 아침 7시 20분, 11시40분에 있고 저동항에서 오후에 있단다. 어쨌거나 어렵게 알아서 아침에 택시를 타고 요행을 바라고 사동항에 갔는데 역시나 매진되어 없단다. 표가 없으니 어쩌랴. 대안으로 저동항 위에서 관음도까지 올레길을 다녀오겠다고 생각하고 있었는데 다행히 예약한 사람 중에서 5명이 오지 않아 정말 운 좋게

독도의 서도로 사진 중간 아래 건물이 있는데 이 건물은 울릉군청 독도관리사무소와 주민 2명이 거주하는 주민 숙소다

독도를 가게 되었다. 더구나 독도에 내려서 구경을 할 수 있었으니 정말 운 좋은 여행이었다.

〈2016. 8. 15〉

구한말의 역사

'덕혜옹주' 영화가 좋은 반응을 보이고 있어 관람하였다. 영화를 보고 그때의 구한말 역사와 지금의 우리나라를 둘러싼 상황과 비슷하다고 생각했다. 그래서 구한말 상황을 공부하기 위하여 기록해 보았다. 영화 관람객 가운데는 젊은이들뿐만 아니라 나이 드신 분들도 많았다. 영화 상영 중에 한택수(윤재문 역)를 제거해야 한다고 나오자 나이 드신 분들이 "맞어. 제거해야 혀."라고 말을 해 관객들의 폭소를 자아냈다.

사드 배치를 놓고 나라 안팎이 시끄럽다. 우리나라가 중국, 미국, 일본 등 나라 간 힘의 각축장이 되고 있다. 북한의 핵미사일의 공격을 대비 사드를 배치하는데 중국에서 무역 보복 등 우리나라에 대하여 갖은 방법으로 압력을 넣고 있다, 미국은 한국과 일본을 이용해 중국의 팽창을 막아볼 생각을 하고 있다. 일본은 독도를 호시탐탐 노리고 있고, 헌법을 바꾸어 전쟁을 하도록 합리화하고 있다. 중국의 팽창정책과 미국 일본의 견제 정책이 맞아떨어지는 형국이다. 전쟁을 할 수 있도록 헌법을 개정하려고 혈안이 되어 있는 아베가 제일 존경하고 정신적 지주로 삼는 자가 요시다 쇼인이다.

요시다 쇼인은 정한론(征韓論)과 대동아공영론(大東亞共榮論)을 주장한 장본인이며, 그의 제자로는 이토 히로부미 등이 있다.

많은 학자들이 현 상황이 구한말을 보는 것 같다고 걱정을 하고 있다. 대원군의 쇄국정책으로 근대문물을 받아들이지 않고 외세를 배척하다가 프랑스, 미국 등의 침입을 당하고, 민씨 일가의 득세로 민란이 일어나고, 이를 제압하려고 중국, 러시아, 일본 등을 끌어들이다가 결국은 일본의 손아귀로 나라가 넘어가게 된다.

연대별로 그 때 상황을 요약해 본다.

○ 1800년대 후반까지 세도정치로 왕권의 약화와 민생이 피폐해짐

○ 1863~1873 흥선대원군의 왕권강화와 세도정치 타파, 최초로 양반에게도 과세

○ 1866 병인양요 프랑스함대 침입

○ 1871 신미양요 미국함대 침입, 척화비 건립의 계기

○ 1873 최익현의 상소(흥성대원군 탄핵)로 명성황후에 대원군 제재의 기회제공, 명성황후가 대원군을 실각시키고 조정을 장악함. (흥선대원군은 안동김씨의 세도정치를 막으려 며느리를 민씨로 택했는데 역이용 당함), 명성황후는 민씨 일가를 등용해 새로운 세도정치가 부활.

○ 1876 병자수호조약 일본과의 통상조약

○ 1883 조미수호조약, 임오군란(병조판서 민겸호가 신식군대만 대우하고 구식군대는 녹봉도 제대로 주지 않자 구식군대가 봉기하여 민겸호를 사살 명성황후를 죽이려 쳐들어가자 대원군이 재집권)

○ 1884 갑신정변 개화파의 정변 (명성황후가 청나라에 도움을 요청하여 대원군을 청이 납치, 친청정책을 추진하자 일본과

급진개혁파가 갑신정변을 일으키나 3일천하가 됨), 동학운동 - 반봉건 반외세대항, 서울로 북상 공주까지 점령, 관군으로 막지 못하자 명성황후가 일본에게 손을 내밀어 관군과 일본군에 우금치에서 패배, 민란의 동기는 명성황후일가들의 폭정에 기인함.

청일전쟁 - 일본은 우금치 전투를 계기로 내정간섭을 일삼자 명성황후는 다시 친청 정책으로 전환, 이에 일본이 청을 급습 청일전쟁을 일으켜 승리함으로 타이완과 요동반도 할애받음, 명성황후는 일본의 눈엣가시가 됨.

갑오개혁 - 일본군대가 경복궁을 점령 홍선대원군의 섭정으로 김홍집 내각 구성

○ 1895 을미사변, 명성황후 시해, 고종의 상투를 자르고 단발령 공포, 10월 8일 일본군 낭인들이 경복궁 건천궁에서 명성왕후를 시해

○ 1896 아관파천 - 고종이 일본을 견제하기 위해 러시아공사관으로 이동 을미사적(김홍집, 유길준, 정병하, 조희연) 처형지시. 유길준, 조희연은 일본으로 망명. 김홍집은 일본군이 피신할 것을 권유하였으나 "시끄럽소 일국의 총리로서 동족에게 죽는 건 천명이오. 남의 나라 군인의 도움까지 받아가며 살고 싶지는 않소." 라고 하며 군중에게 사살. 김홍집에 대하여 역사가들의 평가가 다르다.

○ 1897 ~ 1910 대한제국

○ 1898 대원군 사망

○ 1902 영일동맹 - 청에서의 영국 이권 승인, 일본의 한국에서의 권익 승인

○ 1904 러일전쟁 - 2년간의 싸움에서 일본이 승리하자 일본이 조선에서의 완전한 우위차지, 일본의 내정간섭, 군사기지 확보.

○ 1905 카스라테프트밀약 - 필리핀에서 미국의 독점권인정 한국에서 일본의 지배권인정

포츠머스조약 - 한국에서 일본의 독점적 지배권을 국제적으로 인정, 을사늑약 - 한국외교권 박탈, 장지연의 시일야방성대곡(是日也放聲大哭) "저 돼지와 개만도 못한 소위 우리정부의 대신이란 자들이 영달과 이익만을 바라고 나라를 팔아먹는 도적이 되기를 감수했다."

의병발생 - 민종식, 최익현, 신돌석 등 민영환 조병세의 순국 등

○ 1907 헤이그 밀사 파견결과, 고종퇴위, 군대해산

○ 1909 간도협약, 안중근 의거

○ 1910 대한제국이 일본으로 국권강탈, 총독부 설치 식민통치 시작

이런 일련의 연표를 보면 세계 열강들이 우리나라를 가운데 두고 서로 먼저 먹으려고 몸부림치는 광경을 목격하게 된다. 그럼 과연 이런 결과들이 일어나게 빌미를 주게 된 원인은 무엇인지를 분석하고 파악을 해야 다시는 이런 일들이 일어나지 않을 것이다. 가장 큰 원인은 세도정치라고 본다. 구한말 안동 김 씨의 세도 정치에 항거하려는 대원군과 이에 대항해 권력을 잡은 명성황후의 민 씨 일가의 새로운 세도정치에 민초들이 들고 일어나게 되었고, 권력을 잡은 자들이 자기들의 권력을 지키기 위해 열강들을 끌어들여 내정에 간섭하게 빌미를 주게 되었고 결국 일본의

손에 나라가 넘어가게 된 것이다.

덕혜옹주는 1912년 태어나 1989년에 사망하였다. 그 아버지 고종은 1852부터 1919까지 생존했고 재위 기간은 1863년부터 1907년까지이다. 재위기간이 44년이나 됐지만 아버지 대원군의 섭정과 아내 명성황후의 집권으로 순탄치 않은 집권기간을 보냈다. 고종은 1895년 명성황후의 사망 후 허탈함과 외로움을 달래려고 후궁들을 많이(6명) 두었고, 괴로움을 잊기 위해 후궁들의 처소를 찾게 되었으며, 덕혜옹주(후궁과의 사이에서 낳은 딸을 옹주라 부른다)는 후궁 복녕당 양 씨에게서 고종이 회갑 때 낳은 딸이다. 고종이 낳은 딸 3명이 모두 사망하여 고종의 사랑을 독차지하게 되었다.

일제 압박을 이기지 못하고 순종은 덕혜옹주를 일본유학의 구실로 일본으로 보내게 된다. 옹주는 1931년 5월 대마도 백작 소 다케유키와 결혼하였다. 결혼 1년 후 딸 정혜가 태어났으나, 조현병(조발성 치매현상)에 시달려 1946년 정신병원으로 입원, 1955년 이혼하였고, 1956년 딸 실종과 죽음으로 감당하기 힘든 고난의 시기를 보낸다. 1945년 서울신문 김을한 기자가 안타까운 소식을 듣고 그녀의 귀국을 위해 백방 노력하였으나, 조선황실의 존재에 정치적 부담을 느꼈던 이승만 정부가 귀국을 불허했다. 다시 기자가 박정희 정부에 탄원서를 제출하여 끝내 1962년 1월 26일 귀국하였다.

14세에 일본으로 갔다가 51세가 되어 귀국한 덕혜옹주는 병세로 서울대병원에서 요양했지만 병세가 회복되지 않고 이방자 여사와 함께 생활했다. 1969년 사망할 때까지 이방자 여사와 함께 서로에게 위로가 되었다. 1989년 낙선재에서 76세의 일기로 사망한다. 묘소는 남양주시 금곡동 홍유릉에 있다.

고종은 조선 왕 중에서 가장 불운했다. 12세의 나이로 26대 왕에 등극했고, 14세에 명성황후 민씨와 결혼하여 21세에 아버지 홍선대원군이 물러날 때까지 섭정을 받았다. 그러나 홍선대원군이 물러났어도 아내인 명성황후의 민씨 일가의 세도 정치에 희생되었다. 즉 고종 43세에 명성황후가 살해될 때까지 민씨 일가 때문에 제대로 된 정치를 해보지도 못했고, 45세에 대한 제국을 설립하였으나 열강들의 틈바구니에서 힘도 써보지 못하고 58세 때 일본에 모든 것을 내어주고 퇴위당하는 불운을 겪었다. 1919년에 일본의 사약으로 사망했으니…….

아버지인 대원군이 사망하여 장례식을 치르는데 참석도 하지 않았다고 한다. 조선의 역사가 어디로 가는지 번뇌하지 않고 살았는지 의심스럽다. 고종에 대한 평가는 여러 가지이다. 먼저 긍정적인 평가는 해박한 지식과 정치문제를 해결하기 위해 진지한 노력을 했다는 점이다. 헐버트 선교사는 "유약하다고 주장하는 사람들의 견해는 틀렸다. 성격이 친절하고 자비롭다."고 했다.

부정적인 평가를 한 버드비숍 선교사는 "조선의 왕은 온화한 성품으로 유명하며 성실하고 유능한 군주지만 너무 착한 사람이다. 그에게 강인한 성격이 있었다면 훌륭한 통치자가 될 수 있었을 것이다."라고 했다. 고종은 1905년 을사늑약, 1910년 경술국치가 단행되었으나 적극 대항하지 않고 망국에 대한 책임을 지지 않았다. 일본 황적에 편입되는 치욕을 스스로 받아들이고 이태왕(李太王)의 작위까지 받았다. 국가 지도자로서의 자격이 있는지 의심스러울 정도다.

영친왕은 명성황후의 상궁인 엄씨 소생이다. 일본이 강제로 결혼을 시키긴 했지만 고종이 1919년 사망했지만 탈상도 하지 않은 상태에서 1920년 일본인 이방자와 호화 결혼식을 한다. 독립신문은 이에 대해 "원수의 여인을 아내로 삼은 금수"라고 성토했다. 일본으로 강제 이주하였다가 1963년 귀국했다. 영화에서는 그가 임시정부로 망명하려고 하는 것으로 그려졌지만 실제로는 그런 의도는 없었고, 오히려 상해임시정부 요인들이 영친왕 유럽 여행 때 첫 순방지인 상해에서 납치하려고 했다. 영친왕은 일본군 장성의 지원을 받아 호의호식하며 영화를 누렸다고 한다. 일본이 패망하자 그는 "내 지위는 어떻게 되는 겁니까? 지금과 마찬가지로 대우를 해줄 수 없습니까?"라고 말했다고 한다.

사드 배치를 놓고 한국은 미국과 중국 사이에 끼어 안절부절 못하고 있는 형국이다. 구한말은 위정자들이 자기 입맛에 맞는 열강들을 끌어들이다가 나라를 팔아먹는 꼴이 되어버렸다. 지금도 미국과 동맹을 계속하여야 한다는 사람, 중국이 커지니까 중국과 손을 잡아야 한다는 사람들이 많다. IMF 때 김영삼 정부가 말을 듣지 않으니까 미국이 일본을 시켜 400억 엔을 빼내가게 만들고 미국도 우리나라에서 달러를 빼내간 다음 김영삼 정부가 항복하게 만든 후에 IMF 구제금융을 해준 사례가 있고, 일본의 헌법 개정을 미국에서 묵인하는 것을 보면 영원한 우방은 없다.

중국은 수천 년 동안 우리나라를 침범한 역사를 갖고 있다. 우리나라는 운 좋게도 중국의 거대 시장 덕분에 성장을 했다. 우리 수출의 26%를 중국에 의존하고 있다. 이렇게 가다보면 얼마 안 있어 30%, 40%로 올라갈 수 있다. 이렇게 가다보면 중국에 바로 예속되어 버린다. 중국은 지도자가 바뀌어도 나라 정책이 바뀌지 않는다. 우리나라와는 근본적으로 다르다. 중국은 향후 30~40년을 내다보는 국가 정책을 추진하고 있다. 우리나라는 지도자가

2018년 찍은 사진 (왼쪽으로 부터 영친왕, 순종, 고종, 순정비, 덕혜옹주 모습)

바뀌면 나라의 모든 정책이 바뀌는데 이런 면에서 중국과 대적한다는 것은 근본적으로 어려운 면이 있다.

지금 정치를 보면 중국과 미국 사이에서 갈팡질팡하는 모습을 보이는데, 근본적인 원인은 외부에서 찾을 것이 아니라 우리 내부에 있다. 우리 정치 풍토는 지나치게 분파적인 색채가 강하다. 조선시대부터 내려오는 사색당쟁의 역사를 이어 지금도 법치보다는 투쟁일변도의 분파정치가 우리나라를 뒤덮고 있다. 정치판이 정강, 정책보다는 인물위주의 계파를 따져 조폭처럼 의리를 따지는 수준이다. 국민 모두가 그것을 당연시 하는 풍조를 보이니 그것이 더 큰 문제이다.

국가 대계보다는 계파 수장의 득실을 따져 일사불란하게 움직이는 계파정치가 나라를 좀먹고 있다. 구한말의 역사에서 보듯이 모든 문제는 외세에 있는 것이 아니라 우리 내부에 있다. 향후 우리나라의 발전과 후퇴의 결정은 우리내부에서 나오니 만큼 우리 내부를 개혁하여야 한다.

〈2016. 08. 23.〉

2016년을 보내며

모 신문 삽화에 위와 같은 만평이 실렸다. 요즘 세태를 보여주는 장면인데 묘사를 너무 잘했다.

정부는 내년 경제성장률 전망치를 2.6%로 제시했다. IMF외환위기 이후 정부가 경제성장률 전망치를 2%대로 제시한 것은 처음이다. 내년 경제상황은 최악으로 예견되고 있다. 지금은 모든 관심이 탄핵정국과 조기 대선으로 빨려 들어가고 있어 경제에 대한 관심이 뒷전으로 밀려있을 뿐만 아니라, 현실적으로도 경기침체에서 벗어나기는 어려울 것으로 보인다. 있을 수 없는 대혼란기를 맞아 국가 리더십이 붕괴돼가고 있고, 한국호는 풍랑 속에서 헤쳐 나가질 못하고 있다. 더구나 미국 트럼프의 정책이 보호무역으로 회귀하여 우리나라의 수출을 옥죄고 있다. 미국과 중국의 대결이 가시화된다면 우리나라 경제 사정은 무척이나 어렵게 되고 경제성장률은 더 내려갈 공산이 크다.

29일 경제장관회의에서 정부가 내년에 경기 방어를 위해 재정지출을 21조 원 이상 더 풀기로 했다고 한다. 그리고 예산의 31%

이상을 조기집행하기로 결정했다고 한다. 그러나 결과는 위 삽화에서처럼 정부가 인위적으로 조기집행하고 21조 원을 더 푼다고 해도 살은 찌지 않고 똥배만 나오는 결과가 될 것이 뻔하다. 세계적 경기침체를 정부에서 막아줄 리 없고, 우리나라 수출의 약 30%를 점하는 중국경제도 침체기에 들어가기 시작했는데 이 또한 정부에서 막아줄 리 없다.

중국은 때는 이때다 하고 우리나라의 모든 부분에 대해서 집요하게 보복을 가하고 있다. 일본은 진주만에서 아베가 오바마와 함께 헌화를 했는데 관방장관은 "미국 말고 다른 나라와의 외교에서도 관용과 화해의 힘을 내세울것이냐?"는 기자의 질문에 "현 시점은 그럴 계획이 없다."라고 했다. 우리나라가 미국처럼 힘이 있다면 중국이나 일본이 우리나라를 이렇게 깔보지는 않을 것이다. 우리나라가 이 지경에 있으니 중국이나 일본은 한국을 더 우습게 보고 있다.

2016년 병신년 경제는 더욱 어려웠다. 2016년도에는 연초보다 시간이 갈수록 경제가 더 어려워져 버렸다. 기업체를 다니다 보면 얼마나 어려운지 알 만하다. 기업체 사장들이 하는 이야기는 "이렇게 어려워 죽겠는데 TV를 보면 싸움질이나 하고 있고 누구 하나 나서는 자가 없으니 미쳐 죽을 지경이다."라고 이야기들 한다. 잘했건 잘못했건 올해는 이렇게 흘러가서 마무리가 되었고, 2017년이 걱정이다. 2017년은 모든 분야에서 어려움에 직면할 것으로 보인다. 더욱이 소용돌이치고 있는 탄핵정국과 대선의 상황은 시계가 보이질 않고 있다.

대한민국의 어지러운 정치 상황과 장기적 경기 침체 상황, 세계적 보호무역주의의 등장에 더하여, 한 가지 예를 든다면 1300

조 원의 가계부채라는 큰 뇌관이 우리를 기다리고 있다. 부채를 짊어진 가계는 지금까지 누려온 초저금리의 환상에서 깨어날 때가 되었다. 미국발 금리 인상으로 우리나라도 금리를 인상하지 않을 수가 없기 때문에 그 충격은 매우 클 것이다. 각 가정마다 금리인상으로 이자 부담이 늘어나면 씀씀이가 줄어들어 더욱 경기가 침체될 것이며, 자영업 대출이 464조 원이 넘기 때문에 빚내어 식당이나 부동산 임대업을 하는 사람들이 이자를 감당할 여력이 없어지면, 빌딩매물이 쏟아져 나와 부동산 시장에도 큰 악재가 될 것이기 때문이다.

고위 공직자를 겨냥하여 입안된 '김영란법'을 정치권에서 모든 공직자를 대상으로 집어넣어 세상을 이 지경으로 만들어 놓고, 경기침체에는 관심도 없이 매일 싸움질이나 하고 있다. 이러한 무능한 사람들 때문에 나라가 이지경이 되고 있고, 한국호가 표류하고 있다. 이렇듯 큰 어려움이 예상되지만 이를 해결할 뾰족한 수가 나올질 않고 있다. 그러나 어찌하랴 그래도 희망을 거는 것은 우리나라 제도상 모든 부분을 개혁할 수 있는 대통령을 잘 뽑는 일이다.

2017년에는 지금 우리나라와 같은 형세로 유럽의 병자였던 독일호를 맡아 정권을 내놓으면서까지 개혁을 단행해 제2의 라인강의 기적을 만든 슈레더와 같은 지도가가 우리나라에서 나오길 희망하는 수밖에. 정유년에 상서로운 기운이 한반도에 펼쳐져 슈레더와 같은 선장이 탄생하여 한국호의 키를 잡고 선진국으로 가는 항로를 찾아 전도양양하게 항해해 주기를 기도해 본다.

〈2016. 12. 31.〉

봄

집 주변 유실수 나무를 전지했다. 그런데 집 뒤편에 있던 매실나무를 깜박 잊고 전지를 못해서 일요일 날 전지를 하는데 꽃망울이 맺혀 곧 터지려고 하고 있었다. 긴 동면에서 깨 봄의 기운을 느낄 수가 있었다. 봄 하면 만물이 생동하는 계절이고 어딘지 모르게 가슴이 설레는 계절이다. 봄은 여인들의 마음이 설레는 계절이기도 하다. 여성의 애절한 마음을 노래한 당나라 시인 설도의 춘망사를 소개해 본다.

매실나무 꽃망울

春望詞

花開不同賞 花落不同悲 欲問相思處 花開花落時
꽃은 피는데 함께 볼 수 없고, 꽃은 지는데 함께 울 수 없고,
그리운 그쪽에 묻고 싶은 건, 꽃 피고 꽃 질 때 어떤지요

攬草結同心 將以遺知音 春愁正斷絶 春鳥復哀吟
풀 뜯어 묶어 보네요, 나중에 그대 드리려,
봄 슬픔 막 잘라냈는데, 봄새가 다시 슬피 우네요.

風花日將老 佳期猶渺渺 不結同心人 空結同心草
바람 맞는 꽃 날마다 늙는데, 다시 만날 날은 자꾸 멀어져,
사람은 묶지 못하고, 공연히 풀만 묶네요.

那堪花滿枝 飜作兩相思 玉筯垂朝鏡 春風知不知
꽃 활짝 핀 가지가 어찌 견디리. 이쪽저쪽 그리움만 하늘거려
아침에 거울 보니 눈물줄기, 봄바람 님은 아는지 모르는지

사랑하는 님을 떠나보내고, 그리움을 그리는 내용이 무척이나 애절하다. 이 시는 당나라 여류시인 설도(薛濤)가 지은 것이다. 설도는 지금의 서안인 산서성 장안 출신이다. 아버지 설운(薛隕)은 당나라 관리로 학식이 높아 외동딸 설도를 몹시 아꼈고, 어릴 때부터 글을 가르쳤는데 8~9세부터 아버지 시에 대구를 할 정도로 시재가 뛰어났다. 아버지가 조정에서 내몰린 후 돌아가고 가정이 생활고를 이기지 못하자 설도는 16세 때 기생명부에 올려

관기가 되었다. 기생이 된 그녀는 문장력이 뛰어나 사천성 전역에 소문이 났고, 나중에는 장안까지 소문이 커졌다.

당나라 원진이라는 감찰어사가 31세의 나이로 사천성에 왔는데 설도의 명성을 듣고 시를 통해 설도와 애정을 나누었다. 설도가 원진보다 11년 연상이었으나 자신의 이상형인 원진에게 모든 것을 바칠 정도로 깊이 빠졌다. 그러나 신분, 나이 차이의 한계를 극복하지 못하고 원진은 본래 자기 자리로 돌아가 버렸고 다시는 오지 않았다. 설도는 자신의 마음을 시로 적어 보내는 수밖에 없었는데 그 중에 하나인 '춘망사'가 탄생하였다. 그녀는 색깔을 입힌 종이를 직접 만들어서 시를 써서 보냈고 뭇 남성들로부터 많은 구애를 받았어도 결혼하지 않고 혼자 여생을 보냈다고 한다.

우리나라 김성태 작곡의 애절한 가곡 동심초가 설도의 춘망사에서 나왔다. 그리움에 사무친 여인의 슬픈 사랑이야기가 봄을 맞아 애처롭게만 여겨진다. 수십 년간 기약 없는 기다림 속에서 얼마나 애간장을 태웠을까. 그리고 봄만 되면 흐드러지게 피는 꽃을 보고 얼마나 그리워했을까. 아래와 같이 반만 생각하는 사람을 그리며…….

離思(성도를 떠나면서 남긴 원진 詩)

曾經滄海難爲水 바다를 보고나면 세상의 강이 다 대수롭지 않고
除却巫山不是雲 무산을 보고나면 구름조차 높질 않다지
取次花叢懶回顧 내가 아름다운 꽃을 봐도 즐겁지 않은 까닭은
半緣修道半緣君 반은 공부 때문이고 반은 님을 그리기 때문이라네

〈2017. 03. 18.〉

현충일의 이야기

오늘은 현충일이다. 나라를 위해 희생하신 순국선열 및 전몰장병을 기리기 위해 국가가 지정한 날이다. 현충일을 맞아 나라사랑공원에서 개최된 현충일 기념식에 다녀왔다. 기념식에 앉아 있으려니 옛날 아버지께서 해주신 6.25 전쟁이야기가 머리에 스쳐갔다. 북한군이 예산 신례원 쯤 내려와서 전쟁을 하는 와중에 대포 소리를 들었지만 전혀 염려하지 않으셨다고 한다. 오히려 모를 심으며 노래를 부르셨다고 하셨다. 북한은 공산주의기 때문에 공산주의가 내려오면 골고루 잘 살게 해줄 것이라 기대를 했기 때문에 노래를 부르면서 모를 심으셨다고 하셨다.

그러나 막상 북한군이 내려와서 북한군의 지배를 받아보니 그

입장이 180도로 변하게 된 것이다. 매일 저녁마다 사상 교육을 받아야 했고, 인민위원장으로 임명된 머슴 출신이 양민들을 인민재판에 회부하여 무고한 사람들을 죽창 등으로 살육하는 장면들을 보면서 공산주의의 실체를 보았기 때문이다. 당진의 농어촌공사 옆 계곡에 수백 명의 시체를 묻어 버렸고, 읍 · 면 곳곳에 수십 수백 명의 시체를 구렁텅이에 매장한 곳이 즐비했었다고 한다.

일제 강점기에는 징용을 끌려 나가는데 2대 독자였던 아버지는 도망 다닌 적이 많았다. 사람을 사서 대신 보내면 간 사람이 중간에서 도망 나오고 또 보내면 또 도망 나오고 돈도 많이 들어갔다고 했다. 한 번은 아버지를 어디에 숨겼냐고 일본 순경이 어머니를 구장네 집으로 끌고 가 담 옆에 세워놓고 권총 개머리판으로 머리를 두들겨 머리에서 피가 낭자했던 적도 있었단다. 아버지가 동남아로 끌려가진 않아서 6남매가 태어났지만 그 고통은 이루 말할 수가 없었을 것이다.

일본 순경에게 고초를 겪은 부모님은 아들들에게 "우리 집에서 경찰도 나와야 하고 면서기도 나와야 한다."고 자주 이야기를 하셨는데 막내가 경찰이 되고 내가 면서기가 되었었으니 부모님의 소원을 풀어드렸다. 면서기가 나와야 한다는 이야기는 예전에 면사무소에서 세금 형식의 공출로 벼를 거두어 들였는데 아버지가 벼를 지게로 지고 갔다가 주고 2번째 가면 면서기하고 이장이 부족하다고 더 가지고와야 한다는 식으로 속여서 한이 맺혔다는 이야기이다. 부모님의 일제시대와 6.25전쟁의 실화를 들어보면, 자유가 얼마나 소중한지 새삼스러워진다. 'Freedom is not free' 라는 말이 있다. 실감나는 말이다.

〈2017. 06. 06.〉

비가 더 와야

비가 내려 좀 이르지만 서리태 콩을 심으려고 땅을 파보니 겉만 젖어있었다. 약 1㎝정도만 물기가 있었고 아래 땅은 마른 상태였다. 예전에 심었던 호박은 물을 주지 못해서 그런지 크지도 못하고 제자리 상태다. 20여 일 전에 이른 콩을 심었는데 아직 싹이 보이질 않는다. 이른 콩 먹기는 틀렸다. 나 먹을 것만 조금씩 심고 있는 나는 큰 피해가 없지만 요즈음 너무나 가물어서 농민들의 마음이 타들어 가고 있다.

감자를 계약 재배를 했는데 이렇게 가뭄이 계속되면 밑이 들지 못해 회사에서 가져가지 않는다고 한다. 감자는 물론 마늘도 가물어서 제대로 크지를 못하고 있다. 일부 읍 · 면에서는 논에 물이 없어 아직 모내기도 못하고 있으니, 모를 심지 못한 농민들의 심정은 어떻겠는가. 도시민들에게 비는 어떤 의미인지 몰라도 농민들에게 비는 황금 그 자체이다. 이런 극심한 가뭄을 겪어보면 비의 소중함을 절감하게 된다.

78년도 7월 10일에 입대를 했는데 7월 초까지 비가 오지 않아 소죽기를 가지고 지하수를 뚫으러 다녔고, 7월이 넘어 비가 와서 입대하기 전날까지 모를 심고 겨우 입대를 한 적이 있다. 내 경험으로는 그때가 제일 가물었고, 올해가 그때 못지않게 가물은 것 같다. 당진은 그래도 삽교호가 있어 농민들이 농사를 편하게 짓는

편이다. 방조제를 막아 삽교호가 조성될 때 3년 동안 비 한 방울이 오지 않아도 농사짓는데 걱정하지 않아도 된다고 했다. 지금은 퇴적이 되어서 예전 저수량의 1/5정도 수준밖에 되질 않는다.

지금 삽교호를 가서 보면 하상이 보일 지경이다. 이대로 간다면 삽교호 물도 곧 부족하게 될 것이다. 삽교호에 물이 가득 있으면 겉으로 보기에는 물이 엄청 많은 것 같지만 진흙이 퇴적돼 있어 수량이 예전처럼 많지가 않다. 이에 대한 대책으로는 준설을 하여야 하는데, 그 비용이 약 700억 원이 넘는다. 현직에 있을 때 풍수해 대책 용역팀 등에 지적을 했는데도 거론조차 되지 않고 있다. 제방을 막고 약 30여년이 지나도록 위로부터 내려오는 퇴적토를 준설하지도 않고, 바다로 내려 보내질 못하고 있어 계속 하상에 쌓이고 있다. 당진시와 정부는 이에 대해 하루빨리 대책을 수립하여야 한다.

〈2017. 06. 08.〉

삽교호 물이 말라가고 있다

삽교호관광지에 일이 있어 갔다가 삽교호 가운데에 모래톱이 보이기에 상류 쪽으로 한 바퀴 돌아봤다. 생각대로 심각했다. 예전에 신평면장을 할 때 예당저수지 위에 폭우가 내려 예당저수지 수문 20여 개를 전부 개방을 한 적이 있었다. 저수지 수문을 개방하면 그물이 삽교호 방조제까지 내려오는데 걸리는 시간이 약 7시간 정도된다. 예당저수지 물이 삽교호까지 내려왔는데 때마침 바닷물이 만조 시간이어서 수문을 열어놓을 수가 없게 되었고, 마침 바람은 아산 쪽에서 당진 쪽으로 불었다. 그 바람 때문에 예산에서 내려온 산더미 같은 쓰레기가 운정리 고수부지 논 위에 내려 앉아 버렸다.

말이 산더미 같은 쓰레기지 집채 보다 큰 쓰레기 더미가 한 5개 이상은 되었다. 군인, 경찰, 공무원 등 하루에 100여 명 이상을 동원하여 1주일 이상 작업을 해야 했다. 오죽하면 심대평 충남지사가 격려차 방문까지 했다. 그 일이 있은 후로 농어촌공사는 겁에 질렸는지 비가 온다는 예보를 듣고 미리 수문을 개방하여 물을 빼냈는데 비가오지 않아 낭패를 본 적이 있었다.

그때 직원하고 삽교호 상류까지 둘러보았는데 지금보다는 덜했지만 퇴적된 삽교호가 당시 생각으로도 심각하다고 느꼈다. 당시부터 문제점을 지적했는데 아무것도 되지 않고 있다.

토목직 직원에게 삽교호 준설을 한다면 사업비가 얼마정도인지 대략 계산을 해보라고 하니까 약 500억 원 정도가 산출된다고 했다. 경제산업국장을 할 때 풍수해 대책 용역팀에 삽교호 준설비용을 계산해보라니까 700억 원이 필요하다고 했다. 날이 가면 갈수록 비용이 증가되고 있다. 삽교호 제방을 막은 당시에는 호수와 육지의 경사도가 약 30%정도였지만 지금은 5%도 안 된다. 예전 담수량의 1/5도 안 되고 있는 실정이다. 삽교호를 막을 때는 비 한 방울 안 내려도 3년 동안 끄떡없다고 했는데 지금은 1년도 버티기 힘들다. 퇴적물이 쌓여 하상 바닥이 드러나고 있고 물이 별로 없다. 매우 심각한 수준이다. 이럴 때 준설이라도 해야 하는데 준설을 하지도 못하고 있다.

국가나 지방자치단체는 이에 대해 대비도 하지 않고 나 몰라라 하는 듯하다. 삽교호 수문을 두 배로 늘린다고 공사를 하고 있는데 이는 대책이 되지 못하고 있다. 바닷물이 만조가 되면 물을 뺄 수도 없고, 퇴적물이 수문으로 나가지 않기 때문이다. 강제 배출을 시키지 않을 것이라면 준설을 해야 한다. 하루 빨리 대안을 마련해야 추후 재앙을 막을 수가 있다. 삽교호가 전국에서 제일 처음 제방 공사를 했기 때문에 대책도 제일 먼저 수립해야 한다.

〈2017. 06. 12.〉

육종암 극복기

소소봉사회 회원들의 작업모습

어려운 이웃에 반찬 배달 봉사를 하고 계시는 소소봉사회 회원들이 고생을 많이 하고 있다. 그 중에서도 이영희 회장은 나이가 드셨지만 항상 나오셔서 아름다운 모습을 보여주신다. 약 30여 가정에 반찬을 배달하는데 내가 담당한 가정은 4곳이다. 그중 한 분은 임대아파트에 사시는데 항상 문이 닫혀있어 문 앞에 반찬을 두고 왔는데 토요일에는 미침 집에 계시는 것이 확인 돼 한참 이야기를 나누었다. 그날 처음 육종암에 대하여 이야기를 들었다.

7년 전에 왼쪽 갈비뼈와 폐 사이에 육종암이 발생하여 서울 큰 병원에서 수술을 했는데 수술을 하고 좋지 않은 일이 있어 항암치료도 받지 못하고 그냥 내려왔단다. 의사는 3개월 시한부 인생이라는 판정을 했는데 기적같이 지금까지 살고 계시다. 의사가 그 비결이 무어냐고 물어보는데 답변을 못하고 있단다. 그분의 이야기로는 육종암을 이긴 것이 낙지를 많이 먹었기 때문이란다.

4가정 중 한분인 할머니하고 한참 이야기를 나누었다.

잘 아는 친구 형이 낙지를 잘 잡는데 낙지를 많이 먹고 지속적으로 운동을 한 것이 비결이라면 비결이라고 강조하셨다.

처음에 육종암 제거수술을 받고 '이제는 끝이구나.' 싶어 아무 생각이 없었는데 항암 치료도 받지 않고 완치를 한걸 보면 의지의 한국인이었다. 완치를 했지만 아직도 왼손을 잘 쓸 수가 없어 돈벌이에 나가지 못해 금전적으로 어려움을 겪고 있었다. 육종암은 뼈와 근육에서 발생하는 희귀암이다. 전체 암 환자의 1%로 발생 빈도는 높지 않지만 치료가 어려운 무서운 암이다. 본인의 이야기로는 자신의 몸에 낙지가 맞아서 그런 것 같다고 하신다. 낙지가 암을 이긴다는 이야기를 들으니 앞으로 낙지를 다시 봐야겠다. 토요일은 의지의 한국인을 만난 뜻 깊은 하루였다.

〈2017. 07. 31.〉

이런 회사도 있다

우리 가스충전소가 가스를 공급하는 거래처 회사의 회장님이 팔순이 되셨다. 회사 구내식당에서 파티를 했는데 큰 회사 규모답지 않게 조촐하게 하고 있었다. 공장이 당진과 군산에서 크게 운영되고 있고 중국에도 공장이 있는 회사다. 회장님 팔순 기념으로 미국에 있는 아들과 딸이 왔고 중국에 있는 아들도 와서 축하를 해주고 있었다.

직원이 수백 명이 되고 회사를 운영한 지도 50년이 넘었다고 하니 우리나라를 발전시킨 산업역군이셨다. 식사를 하는 동안 나이 드신 분들이 몇 분 들어오는데 그 분들은 나이가 70이 넘는 분들이셨다. 그들은 이 회사의 직원들로 함께 일한 지가 40년이 넘었단다.

이제까지 기업을 다녀 봤어도 70세가 넘는 직원이 근무하고 있는 기업을 보질 못했다. 그리고 회장님은 지금까지 업체를 다니며 로비를 해본 적이 없단다. 실력 하나만으로 대기업에 납품을 했다고 한다. 나도 작게나마 기업을 운영하는 사람으로 놀라운 말씀이었다. 나는 그토록 다니면서 로비를 해도 잘 안되는데 말이다. 70세가 넘어서도 직원으로 채용하고 있는데 젊은 직원들도 퇴직을 생각하지 않고 일을 할 것이고 또 생산성이 올라갈 것은 자명한 일이다. 가끔 가서 회장님의 과거 일을 듣고 있으면 아!

회사 경영은 이렇게 하는구나 하는 것을 배우게 된다. 주변에는 배우고 존경해야 할 분들이 많이 있다. 오늘 회장님을 만나서 또 인생을 배우게 된 행복한 하루였다.

〈2017. 09. 13.〉

벼 수확철

요즈음 농촌은 벼 수확기여서 한창 바쁜 철이다. 콤바인 기계가 대형화되어 약 10여 일 정도면 수확이 완료된다. 며칠이면 벼 수확이 끝날 것 같다. 예전과 비교하면 상상도 하지 못할 일이다. 어렸을 적에는 벼를 손으로 베고, 볏가리를 해놓고 사람의 힘으로 탈곡하는 소위 와룽기라는 탈곡기를 사용했다. 빨리 회전을 시켜야 벼가 잘 떨어지기 때문에 최대한 힘을 주어야 했다. 온전히 사람의 힘으로 하기 때문에 어떨 때는 겨울이 되어 눈을 털어가면서 탈곡을 해야 했다.

인근 논에서 볏단 20여 개를 지게에 지고 탈곡을 하기 위해 집마당까지 일일이 날라야 했으니 예전 어른들이 얼마나 고생을 했던가. 내가 중학교에 다닐 무렵까지 그렇게 하다가 그 뒤로 나온 것이 자동 탈곡기였다. 합덕에서 신광 탈곡기, 성광 탈곡기, 금광 탈곡기가 생산되어 전국으로 공급되었다. 시골에 경운기가 보급되기 시작하여 경운기를 이용하여 탈곡기로 수확을 하니까 능률이 한층 배가되어 편리함을 주었다. 합덕이 탈곡기를 전국에 공급하는 곳이었다.

(그 당시 합덕은 대장간에서 서해안 배의 닻을 공급하는 곳이기도 하였다. 탈곡기는 전국에 공급하고, 닻은 서해안 지역에 공급하고, 또 쌀이 많이 생산되어 당진 읍내보다 합덕의 경기가 몇

배 더 좋았다. 지금은 완전히 반대로 변했다.)

탈곡기를 사용할 때 벼가 마른 상태면 탈곡하기가 매우 좋은데, 젖은 상태면 탈곡이 안 되어 어렵고 사람이 달려 들어갈 정도로 힘이 들고 어려웠다. 그리고 마당에서 탈곡을 하면 바람이 불지 않을 경우 먼지 속에서 하루 종일 일해야 하기 때문에 고생이 이만 저만이 아니었다. 종일 먼지를 들이 마시면서 탈곡을 하면 먼지를 온몸에 뒤집어쓰게 돼 사람 꼴이 아니었다. 그렇게 탈곡을 했던 게 엊그제 같은데 사람 힘으로 벼를 베지 않아도 되고, 콤바인에 앉아서 탈곡을 하니 예전 같으면 상상도 하지 못할 일이다.

예전에 벼를 벨 때 다섯 줄 씩 사람들이 계단 형식으로 줄을 서서 베어가면 사각사각 하는 소리만 들렸다. 동네에서 낫을 잘 가는 어른이 낫을 예리하게 갈아주곤 하였다. 그리고 벼를 수확하면 건조기가 없기 때문에 마당이나 집 근처에 벼를 말리느라 정신이 없었다. 지금은 벼를 베자마자 바로 미곡처리장에 가져다주기 때문에 농민들이 한결 수월해졌다.

그런데 콤바인은 대형화하는데 미곡처리장에서 받아주질 못하고 있다. 저녁때 미곡처리장에 와서 늦으면 새벽 3시, 4시까지 기다려야 한다. 예전이나 지금이나 문제점이 있는 건 마찬가지이다. 미곡처리장을 설계할 때와 지금의 상황이 달라서 벌어지는 현상이다. 하루 속히 문제점이 해결되어야 매년 벌어지는 현상이 없어질 것이다. 그래야 기계가 없는 소농들도 제때에 미곡처리장에 납품할 수 있다.

〈2017. 10. 17.〉

제4부 문화

해미역사체험축제

며칠 전 일요일 날 모처럼 해미역사체험축제 현장을 다녀왔다. 해미역사체험축제는 백제문화제와 함께 문광부 선정 전통축제로 지정되어 국비 지원을 받고 있다. 내가 문화공보실장에 발령이 나서 학생을 동원해서 축제를 하는 기지시줄다리기를 살리려고 백방으로 뛰어다녔는데 먼저 문광부 지역전통문화과를 찾아갔다. 찾아가서 국비지원을 요구하는데 전통축제로 지정을 받아야 국비를 지원해준다는 담당 사무관의 말이었다. 기지시줄다리기 축제는 400년이 넘는 축제이니까 당연히 전통축제로 선정이 되어야 하는 것 아니냐는 나의 의견에 안 된다는 것이다. 안 되는 이유는 전통축제는 시도별로 한 개씩만 선정이 되는데 충남만 백제문화제하고 해미역사체험 축제의 2개가 선정이 되어서 안 된단다.

나보고 2개 중 하나를 빼고 기지시줄다리기 축제를 올리라는 것이다. 그래서 내가 답하기를 "정부부처의 공직자가 주관을 가지고 행정을 해야지 지자체 공무원에게 축제를 빼고 넣고 하라는 게 말이 되느냐"고 한참을 다툰 적이 있다. 그래서 기지시줄다리기를 국비 지원 없이 학생을 동원하지 않고 관광객이 참여하는 축제로 승격시키고자 부단히 노력했는데 그때 문화공보실 직원들이 고생을 많이 했다. 이제 공직을 떠나 해미역사체험축제가 얼마

이영구장인과 함께하는 당진문화민속대장간

나 잘 되고 있는지 궁금해 현장을 찾았다.

그런데 축제장에 가보니 신평면에서 대장간을 하고 있는 이영구씨가 서산 축제 현장에 참여하고 있었다. 간만에 대 선배님을 뵙고 반가워서 사진도 찍었다. 서산축제현장에 당진분이 참여하는 것이 당진 홍보도 되고 지역화합도 되겠지만 왠지 마음 한구석이 편하지 않았다. 해미역사체험축제 현장을 보니 전통을 재현시키려는 의도가 별로 없다. 일반인들이 볼 때는 그저 다른 축제와 비슷하다는 느낌이었을 것이다.

우리도 면천읍성을 조속히 복원하여 축제 보다는 일상에서 성 안에서 두견주 생산과 시음을 할 수 있고, 저잣거리를 조성, 주민 뿐만 아니라 관광객들이 음식을 먹고 즐길 수 있는 날이 왔으면 좋겠다. 예전에는 성을 복원하느라고 성안에 있는 건물 등을 헐고 밖으로 내보는 게 문화재 복원이었는데 지금은 방향이 바뀐다. 성곽이라는 것은 성안에 거주하는 주민들을 보호하고자 쌓은 것이다. 그래서 지금은 성 안에서 주민들이 생활할 수 있도록 하는 방향으로 전환이 되고 있기 때문에 면천읍성도 가급적이면 내부에 모든 시설을 두어야 주민과 관광객을 모을 수가 있다고 본다.

〈2015. 10. 13.〉

딸 결혼식 덕담

1월 24일 딸 결혼식을 치렀다. 요즘 유행하는 주례 없는 결혼식을 한다고 아버지인 나에게 덕담을 하라고 딸과 사위가 요구해서 덕담을 준비했는데 무슨 이야기를 할까 많은 고민을 했다. 그 이야기를 블로그에 저장해서 간직하고 싶어 게재하고자 한다.

....

오늘 날씨가 상당히 춥네요. 이렇게 추운 날씨에 참석해 주신 하객 여러분께도 감사의 인사를 드립니다. 그리고 우리 딸을 며느리로 받아주신 사돈 어르신께도 감사를 드립니다.

옛날 결혼식 때 집사람 앞에서 "검은 머리가 파뿌리 되도록 어떤 고난이 있더라도 사랑하겠는가?" 라는 주례선생님의 질문에 "예." 라고 대답한 것이 엊그제 같은데 이렇게 딸과 사위 앞에서 덕담을 하게 되었으니 세월이 참으로 빠른 것을 실감할 수 있네요.

요즈음 금수저 흙수저라는 말을 많이 합니다. SNS상 정의로는 금수저는 재산이 20억 원 이상이고, 가구소득이 2억 원 이상이라야 한답니다. 그리고 흙수저는 재산이 5천만 원 이하, 가구소득이 2천만 원 이하라고 하는데 여기 신랑신부는 흙수저는 면했고 아마 동수저쯤 될 것 같습니다. 너나 나나 금수저가 되길 희망하지만 금수저가 되려고 해도 되지 못하니 그저 돈에 연연하지 말고 행복하게만 살아주길 바랄뿐입니다.

지금 젊은이들 사이에서 3포 세대니 7포 세대니 하다가 지금은 아예 N포 세대라고 한답니다. 딸과 사위는 N포 세대지만 결혼을 했으니 연애와 결혼 포기는 면했고, 앞으로 자식 낳기 등 나머지도 포기하지 말고 잘 극복하길 바랍니다. 제가 결혼식 주례를 한 5번 정도 했는데 주례사를 어떻게 해야 할지 많은 고민을 했었습니다.

그도 그럴 것이 첫 주례를 한 나이가 42살 이었으니까 고민을 많이 했었죠. 그중에 기억에 남는 일이 있는데 한 가지를 소개해 드리면 제가 공무원 재직 때 영어교육을 갔었는데, 교수 한 분이 "여러분들은 앞으로 결혼을 하면 자식을 5명 이상 낳아야 한다." 고 귀에 못이 박힐 정도로 이야기를 하셨습니다.

5명 이상을 낳으면 그중에 열성인자와 우성인자가 있는데 적게 낳으면 열성인자만 낳아 고생하니 많이 낳아야 우성인자가 나온다는 것이었습니다. 그래서 첫 주례사에 5명 낳으라고 썼는데 막상 주례를 하려니까 이거 너무하는 것 아닌가 해서 2명을 줄여서 3명 이상 낳으라고 했습니다. 그런데 하객 중에 한 분이 "뭐 돼지새끼 낳나요?" 하고 소리쳐서 웃음바다가 된 적이 있습니다.

지금 OECD 국가 중에서 우리나라가 출산율이 제일 낮아서 어려움을 겪고 있습니다. 제가 주례를 하면서 주례사를 할 때마다 자식을 많이 낳으라고 해놓고 지금 사위하고 딸 앞에 서니 많이 낳으라고 해야 할 지 조금만 낳으라고 해야 할 지 망설여지네요.

그럼 딸에게 물어봐야 겠네요. 딸, 몇 명 낳을래? (2명이라고 답변함) 안 돼. 3명 이상 낳아야 된다.

그리고 몇 가지 당부를 할까 합니다. 먼저 서로 양보를 하라고 당부합니다. 옛날에는 얼굴도 못보고 결혼을 했어도 보통 잘 살았습니다. 그러나 요즘 세대는 연애와 결혼을 요란스럽게 하는데도 잘 살지 못하고 이혼을 하는 사람들이 참 많습니다. 그 이유는 여러 가지가 있겠지만 이기심이 너무 많아 바로 양보를 하지 못해서 그런 것으로 봅니다. 부부싸움의 90% 이상은 주로 사소한 것부터 시작하게 됩니다. 별 것도 아닌 것을 가지고 다투다 보면 호미로 막을 것을 가래로도 막지 못할 지경에 이르게 됩니다.

리처드 칼슨의 '사소한 것에 목숨 걸지 말라' 는 책이 있습니다. 인생의 아주 평범하고 누구나 공감할 수 있는 진리를 전하는 작가로 잘 알려져 있습니다. 보통 사람들은 사소한 것에 화를 내고 짜증을 내는데 현재 있는 그대로 받아들이고 현재에 충실하면 행복해 질 수 있다는 이야기입니다.

부부싸움은 서로가 조금씩 양보하고 사소한 것에 얽매이지 않으면 된다는 아주 사소한 진리를 잊어 그러니 여기 신랑 신부는 앞으로 살면서 사소한 일에 얽매이지 않도록 해주기 바랍니다.

다음은 '평범한 인생을 살아라' 입니다. 사회생활을 하면서 주변 사람들의 인생을 볼 때 평범하지 못한 분들을 자주 보게 됩니다. 제 때에 결혼하지 못하고, 결혼해서도 제 때에 자식을 못보고, 자식이 학교에 제대로 다니질 못해서 고생하는 집들이 많습니다. 사람마다 인생의 때가 있는데 그 때를 맞추지 못하면 인생이 순탄하지 못하고 계속 꼬이는 것을 자주 볼 수가 있습니다. 예를 든다면 늦게 결혼해서 자식을 늦게 둔 경우 아이들이 부모에게 창피하니 학교에 오지 말라고 하는 경우 등입니다.

인생에 때를 맞추지 못해서 그런 일들이 벌어지고 있으니 여기 사위와 딸은 때를 아는 인생이 되길 바랍니다. 평범한 인생이 최고의 행복이라는 진리를 살면서 깨달을 것입니다.

그리고 '10년 뒤에도 똑 같은 마음으로 살아라' 입니다. 저와 같은 세대는 보통 X세대로서 산업화와 민주화의 역군이었습니다. 그 자식들, 지금 젊은 세대는 Z세대라고 하는데 디지털세대로 글로벌 마인드와 다양한 사고방식의 장점이 있지만 참을성이 없다는 단점이 있습니다.

우리가 결혼할 때에는 신혼 주기가 3년으로 이야기들을 했었는데 지금 Z세대는 3년이 아니라 3개월이라고 이야기하는 사람들이 많습니다. 세상이 하루가 다르게 변하고 있어 지금의 마음이 10년 뒤에도 같은 마음으로 살아갈 수는 없지만, 희망사항이라고 볼 수 있죠. 사회생활을 하는데 있어 항상 같은 마음의 소유자라면 왠지 믿음이 가고 신뢰할 수 있고 서로 의지하여 도움이 되듯이 부부관계에 있어 항상 같은 마음이 되어야 서로 신뢰하고 사랑을 쌓을 수 있기 때문입니다.

실현하기에 어려움이 있겠지만 지금 내가 하는 이야기를 항상 명심한다면 어느 정도는 가능하리라 믿습니다.

딸과 사위에게 약속을 받아야 겠네요.

10년 뒤에도 같은 마음으로 살 수 있지? 사위? 딸?

네 약속을 받았습니다.

그리고 마지막으로 사돈 어르신께 부탁드립니다.

제 딸이 좀 부족하더라도 너그러이 돌봐주시기를 부탁드립니다.

두서없이 이야기를 했는데 덕담이 좀 부족한 점이 있더라도 양해를 해주시면 고맙겠습니다. 감사합니다.

2016. 1. 24. 오성환

....

〈2016. 02. 02.〉

제남 방문

제일 재미 있었던 친구. 중국사람들은 엄지손가락을 치켜드는게 유행인듯

지인의 아들이 중국 산동성 제남시에서 사업을 하고 있는데 한번 가보자고 해 다녀왔다. 아들은 40대 후반인데 제남에서 대학을 나오고 20여 년 동안 그곳에서 살고 있다. 제남을 가자고 한 지 6개월이 넘었는데 서로가 일정이 맞지 않아 시 뒤늦게 다녀왔다. 날씨가 어찌나 덥던지 고생 좀 했다. 제남 날씨는 35도 이상이어서 우리나라 한 여름보다 더 더웠다. 지인의 아들은 중국 친구들이 많았다. 그 친구들이 다 잘되어 제남시를 이끌어 가는 중추적인 역할을 하고 있었다.

한국에서 아버지가 오신다니까 3일 동안 중국 친구들이 저녁마다 식사자리를 마련해 주었다. 첫날은 해산물 전문집, 둘째 날은 가정집에서, 셋째날은 일식집에서 식사를 했다. 음식은 우리나라보다 더 잘 먹는 듯했다. 그리고 젊은 애들이 얼마나 재미있게 술을 먹든지 흥미로웠다. 첫날 마호타이주를 3병이나 먹어서 다음 날 고생 좀 했다. 둘째날은 시진핑이 즐겨 먹는다는 백주를 마셨다. 내게 중국에서 유통사업을 같이 하자고 하는데 경험도 없고, 능력도 없어 안 된다고 사양했다.

친구 중 한 명은 제남시 구청에 근무하는데 돈이 많단다. 옆 친구에게 내가 공무원 월급이 얼마 되지도 않을 텐데 뇌물로 돈을 번 것 아니냐고 농담을 했더니 그렇다고 하면서 돈을 세는 시늉을 하는데 얼마나 웃었던지. 이 공무원이 외국 물건을 수입해 파는 부업을 하는데, 몰래하는 건지 아니면 합법인지 모르겠다. 중국도 시진핑이 공무원에 대하여 엄격하게 법을 적용하기 때문에 큰 식당에 공무원들이 오지 않아 문을 닫아야 할 지경이란다. 우리나라도 김영란법으로 시끌시끌한데 비슷한 모양새다. 철거사업 사장인 친구도 돈을 엄청 번단다. 재미있는 친구들이었고 의리가 있는 친구들이었다. 50도 넘는 독한 술을 컵에 마셨으니.

〈2016. 06. 22.〉

昨醉未醒

감나무에 대하여 칠절(七絶)이라는 이야기가 있다. ①多壽 : 즉 오래 산다는 뜻이고 ②多陰 : 그늘을 준다는 뜻이다 ③無鳥巢 : 새가 둥지를 틀지 않는다 ④無蟲 : 벌레가 없다 ⑤霜葉可玩 : 서리 맞은 감입이 완상(즐겨 구경)할 만 하다 ⑥佳實 : 열매가 아름답다 ⑦落葉肥大 : 잎이 크고 두껍다. 이렇게 7가지의 장점을 소개했다.

부모님이 옛날에 감나무를 여러 그루 집 옆에 심어놓아 아직까지 그늘을 만들어주고 열매를 주고 있다. 감나무 아래 그늘에서 쉴 수 있는 정자를 만들어 놓고 이용하고 있다. 오래 전에 부모님이 자식들 보고 감도 따먹고 그늘 아래에서 쉬라고 심어놓으신 듯하다. 조선시대 장유, 이식, 신흠과 더불어 한문 사대가로 일컫는 이정구(李廷龜)의 한시 한 편을 소개한다.

昨醉未醒(작취미성)
어젯밤 술이 깨지 않는다는 뜻

昨夜東隣醉　어젯밤 동쪽 이웃에서 취하였고
朝來起拓窓　아침에 일어나 창을 밀쳐 여노라
餘酣催汲井　숙취가 덜 깨어 물 길어라 재촉하니

渴夢欲舌江　갈증이 나서 꿈속에서 강이라도 삼키고 싶다
仙果氣傾眶　새로난 신선과일 광주리에 담아오니
珙裝爽滿航　홍시의 붉은 즙으로 배속이 시원하다
丁寧故人惠　정녕 고맙게도 벗님이 주신 것이다.
不臺足音蛩　찾아와준 것보다 더욱 반갑구나.

감나무 주변에 까치를 비롯한 새들이 와서 홍시를 먹고 있다. 홍시에 있는 탄닌 성분은 항산화 효과가 있어 활성산소를 제거하고 노화를 방지하고, 심장병 예방은 사과보다 효과가 더 크단다. 여기에 오는 새들은 더 오래 살려나? 감은 비타민 A 함량이 높아 하루 한 개만으로도 권장량을 다 섭취할 수 있다. 또 알코올 흡수를 지연시키고 열독을 제거한다는데 아침마다 한 개 이상씩 먹고 있으니 내 속의 열독도 치료하겠지. 간장 질환을 치료하는 방법은 술과 음식을 덜 먹는 게 중요한데, 그렇게 하지 못하고 있다. 부모님이 주독을 빼라고 감나무를 심어주었는데 말이다. 어제도 모임에서 술을 많이 마셨는데 아침에 홍시를 먹어도 술 깨는 느낌은 없었다. 작취미성(昨醉未醒)이다.

〈2016. 10. 15.〉

곶감의 교훈

시간 나는 대로 곶감을 만들어 추녀 밑에 매달고 있다. 감나무 3그루에 감이 주렁주렁 매달려 있는데, 그 중에서 일부는 홍시가 되어 숙취해소에 도움을 준다. 새들의 먹잇감으로 소비되고 있지만 다 소비가 되지 않아 곶감을 만들어 겨울 간식을 준비한다. 곶감으로도 먹고 홍시를 냉동고에 보관했다가 여름에 먹으면 별미로 즐길 수 있다. 본래 곶감의 어원은 꼬챙이에 꽂아서 만든 감에서 기원한다. 곶의 옛말이 '꽂다' 에서 나왔단다. 곶감 또는 꽂감으로 불린다. 옛날 어른들이 곶감을 만들 때는 지금과는 다르게 싸리나무를 꼬챙이로 이용했다. 옛날에는 냉장고 등이 없으니 감을 보관할 수도 없었다. 그래서 곶감을 만들어 겨울철에도 달달하고 먹기 좋은 간식을 즐겼다. 곶감은 비타민의 보고이기도 하다.

그리 오래지 않은 시절에도 곶감은 매우 귀해 명절이나 제사 때만 맛 볼 수 있었다. 제사 지낼 때 조율이시(棗栗梨柹) 홍동백서(紅東白西) 좌포우혜(左脯右醯) 어동육서(魚東肉西) 두동미서(頭東尾西)라는 원칙이 적용된다. 제사나 차례 지낼 때 상에 놓는 음식을 진열하는 순서를 일컫는 말인데 조율이시는 대추, 밤, 배, 감 순으로 놓으라는 말이다. 홍동백서는 붉은 것은 동쪽, 하얀 것은 서쪽, 좌포우혜는 육포는 좌 식혜는 우, 어동육서는 어류는 동쪽 고기는 서쪽, 두동미서는 머리는 동쪽으로 꼬리는 서쪽으로 진설을 하라는 뜻이다. 제사상에 감이 오르는 것을 보면 예로부터 감은 우리 민족과 함께 한 과일이라고 보면 된다.

또 곶감과 관련된 속담이 많이 있다. 호랑이와 곶감의 이야기가 있고, 속담을 보면 "우선 먹기에는 곶감이 달다." "곶감 꼬치에서 곶감 빼먹듯 한다." 등이다. 속담 속에 녹아있는 뜻을 보면 옛날 조상들이 살던 풍습과 지혜가 보인다. 현재의 세상살이에 교훈을 주고 있다. 세상이 발전할수록, 양극화가 심해질수록 달달한 곶감을 먼저 먹으려고 하는 무리들이 많아지고, 자신의 노력도 없이 곶감을 먼저 빼먹으려고 하는 비양심인들이 많아질 것은 자명한 일이다. 조상들의 뼈있는 속담이 수백 년 수천 년 동안 내려오는데 고쳐지지 않는 것은 누구의 잘못인가?

〈2016. 11. 08.〉

유한한 가치

사진은 서해안 낙조 풍경이다. 가족들과 태안 앞바다를 다녀왔다. 해가 지는 모습이 아름답다. 해는 뜰 때도 아름답고 질 때도 아름답다. 서해의 해가 지는 모습을 보면서 나의 人生을 잠시나마 생각해 보았다. 퇴직을 한 지가 만 3년이 되었다. 세월은 유수와 같다더니 벌써 3년이 넘어가고 있고, 퇴직을 했으니 인생의 유한함을 느끼는 시점이다. 젊었을 때는 못 느꼈지만 나이가 들면서 인생무상을 느껴가고 있다.

늦게나마 사업을 하면서 많은 것을 배우고 제2의 인생을 살고 있지만 과거에는 느끼지 못했던 유한한 인생의 깊이를 배우게 하는 나이이고, 또 그것을 배워야 제2의 인생을 멋지게 살 수 있을 것 같다.

인생무상을 생각하는 좋은 詩가 있어 소개해 본다.

千江萬流滾滾來 천강만류곤곤래
강산의 모든 강물이 흘러도
蒼茫一海不滿蓋 창망일해불만개
넓은 바다를 채우지는 못하고
秋江落日藐然時 추강낙일묘연시
가을 강에 해 가져 낙조가 아른 할 때
虛舟落雁無心去 허주낙안무심거
빈 배에 기러기만 앉았다가 무심코 떠나가네

예부터 선인들은 인생을 초로(草露)와 같다고 했다. 새벽 풀잎에 맺힌 이슬이라는 뜻인데, 아침에만 맺혔다가 금방 없어지는 게 인생이란다. 그래서 공자는 안빈낙도(安貧樂道)를 주장했다. 즉 가난에 개의치 말고 유한함을 알고 평안한 삶을 살아가라는 뜻이다. 사람들은 누구나 유한함을 알지 못하고 무한함을 쫓는다. 권력을 탐내는 사람들은 더 높은 권력을 쥐려고 쫓고, 사업을 하는 사람들은 더 많은 돈을 벌려고 쫓고, 명예를 탐내는 사람들은 더 많은 명예를 얻으려고 쫓고 있다.

그런데 사람마다 무한의 욕망이 있지만, 하늘은 사람마다 무한의 욕망을 채워주지는 않는다. 인간은 유한한 존재이기 때문이다. 능력이 출중하다면 그만큼의 가치가 있어, 능력만큼의 권력과 부와 명예를 주지만 능력과 자질이 없다면 그만큼의 권력과 부와 명예를 가져야만 행복하다. 그런데 사람들은 자기의 유한한 가치를 외면한 채 무한한 가치를 추구하기 때문에 문제가 발생한다. 능력을 넘는 가치를 추구하다 보면 자기의 능력으로는 욕심을 채울 수 없으니 편법과 불법, 사기 등을 동원하게 된다. 사람들이 살아가는 세상은 예나 지금이나 유한한 가치를 아는 사람들이 드물구나 하는 시가 있다.

오백년 도읍지를 필마로 돌아드니
산천은 의구하되 인걸은 간데없다
어즈버 태평연월이 꿈인가 하노라

〈2016. 11. 14.〉

낙엽을 보면서

도로에 낙엽이 수북이 쌓이기 시작했다. 얼마 전까지 푸르름으로 뒤덮여 있어 너울거렸었는데 가지만 앙상히 남았다. 집 옆 단풍나무도 서리를 맞아 붉은 색이 없어지고 회갈색으로 변해 버렸다. 봄철에 연녹색으로 새순이 돋을 때 온 산하가 얼마나 아름다운지 바라만 봐도 기분이 좋아지곤 했다. 그 연녹색의 아름다운 잎이 저렇게 갈색의 낙엽으로 변하는 것은 자연의 이치이다. 낙엽이 쌓이고 날씨가 추워지면서 아침에 운동하려고 밖으로 나오면 서리가 하얗게 내려 차 유리의 성에를 제거해야 한다. 세월이 빠르긴 참 빠르다.

휴일 서리태 콩을 낫으로 베면서 무리했는지 오른쪽 어깨에 통증이 밀려온다. 동네에서 제일 늦게 콩을 수확하다보니 무리해서 그런 모양이다. 원래 서리태 콩은 서리가 내려야 익는다고 붙여진 이름인데 아직도 안 익은 놈도 많이 있다. 휴일 도리깨로 터는 작업을 해야 하는데 걱정이다.

아침저녁으로 집을 오가면서, 낙엽을 보면서, 지나온 금년도의 발자취가 제대로 되었는지 반성해 보는 시간을 갖는다. 사업을 핑계로 술을 너무 많이 마시는 것은 아닌지, 사업하면서 실적은 얼마나 올렸는지, 고객 관리는 제대로 했는지, 직원들에게 어떻게 대해줬는지 등등을 반성한다.

어느 시인의 시 구절에 “가을바람에 떨어지는 나뭇잎처럼 내 사랑의 나무에서 날마다 조금씩 떨어져 나가는 나의 시간들을 좀 더 의식하고 살아야겠다.”는 말이 실감나는 계절이다. 이제 늦가을이 가고 좀 있으면 눈보라와 함께 흰 눈이 온 천하를 뒤덮을 날도 곧 오겠지. 집 앞이 벌판이어서 흰 눈이 쌓이면 내 마음이 너무나 평온하다. 방안에서 눈 덮인 벌판을 보면서 차 한 잔을 할 때가 제일 행복한 시간이다.

나도 이제 나이가 들면서 예전에 생각지 못했던 것을 생각해보는 습관이 생기고 있다. 아마도 예전에는 떨어지는 낙엽을 봐도 느낌이 없었는데 나이가 들어서인지 나도 모르게 생각이 많아진다. 인생을 되돌아보면서 마음이 풍요롭고 행복한 시간을 보내고 있는지 자문해본다. 낙엽은 떨어져서도 거름이 되어 새 생명의 씨앗이 된다. 낙엽처럼 내 삶도 의미가 있는 삶이 되어가고 있는지. 또한 낙엽처럼 인생도 잠깐 스쳐간다고 하는데, 내 안의 이기심을 낙엽처럼 하나씩 내려놓고 있는지. 낙엽을 보면서 나의 나머지 인생을 주위에 거름이 되게 살아가야하지 않나 반성해 본다.

〈2016. 11. 19.〉

누님댁

보령에 있는 누님 집에서 오랜만에 형제들이 모였다. 우리 집은 6남매였으나 큰형님이 돌아가셔서 지금은 5남매이다. 제일 위로 누님이 계시고 4형제가 있다. 4형제 모두 공무원인데, 형님하고 나는 퇴직을 했고, 동생 둘은 아직 공무원으로 재직 중이다. 형제들끼리 매월 회비를 내어 만날 때 비용으로 쓰고 있는데 총무는 막내가 맡고 있다. 그런데 막내가 좀 손이 큰 편이다. 누님네 집으로 음식을 몇 박스 갖고 왔는데 뭔가 했더니 회 10팩과 찌갯거리 1박스, 가리비 등 조개 1박스, 안동소주 1박스, 과일 2박스 등이었다. 음식을 먹는 내내 손 큰 이야기가 주를 이루었다. 예전에 바로 아래 동생이 서기관 진급했다고 집에서 턱을 내는데 회2접시를 내는데 그쳤다. 넷째는 '꽂자리가 좁다' 는 등 다시 턱하라고 공격의 대상이 되었다. 어느덧 살다보니까 매형은 70대 후반에 와있고, 누님은 70대 초반을 넘어가고 있다.

김동길 교수가 한 말이 있다. "세월처럼 무서운 것은 없습니다. 세월이 이렇게 빠르다는 것을 예전엔 미처 몰랐어요. 정말 무서운 건 세월입니다." 매형하고 누님도 세월이 이렇게 빠른 줄 몰랐다는 이야기이다. 옛날 매형이 누님을 좋아해 우리 집을 다녔을 때 막내는 어머님 젖을 먹고 있었는데 이렇게 50을 넘긴 걸 보면 세월이 빠르긴 빠르다는 이야기였다.

매형은 현재 가곡 부르기에 재미를 붙여 대전에서 매월 회원들하고 발표회를 하고 있다. 70대 후반인데도 목소리가 청년처럼 우렁차다. 가곡협회에서 나이가 제일 많은데 말이다. 그리고 탁구 취미클럽 충남회장을 맡아 일도 보고 있다. 퇴직하고 농촌에 내려와 직접 일을 하느라 고생도 많이 하셨고, 지금도 매일 포크레인 일도 하고 있다. 그러면서 인생의 후반기에 취미활동을 하느라 바쁘게 살고 있는 모습이 아름다웠다.

매형이 여러 가지 이야기를 해주었다. 퇴직하고서 가만히 있지 말고 무언가는 해야 한다는 이야기, 그리고 인생은 선택의 연속인데 선택을 잘해야 한다는 이야기, 인생은 운명이라는 이야기 등이었다. 인생을 살아보니 노력도 매우 중요하지만 선택을 잘해야 하고 또 운명에 맡겨야 한다는 것이다. 잘 되고 잘 못 되어도 운명이려니 하고 불만이 없어야 한다는 경험담이었다. 매형의 인생덕담도 듣고 서로의 인생이야기를 하다 보니 새벽 1시가 되는 줄도 몰랐다.

〈2016. 11. 29.〉

판도라 영화

일요일을 맞아 모처럼 영화관을 찾아 '판도라'를 관람했다. 영화장면에 고리원자력 모습이 나오는데 며칠 전 고리원자력 옆을 지나갔었다. 반창회 모임에서 부산에서 간절곶을 다녀오면서 고리원전을 지났다. 지나갈 때는 평온한 어촌의 풍경이었는데 초대형 재난 블록버스터 영화로 보니까 재난이 이렇게 심각하다는 것을 새삼 느끼게 되었다. 이 영화로 인하여 지식경제부, 한국전력공사와 한국수력원자력 직원들의 마음이 편치는 않을 것 같았다. 영화에서 비쳐진 대통령, 국무총리, 장관, 한국수력원자력 사장 등의 무능한 재난 대처 능력은 사람들의 공분을 사게 하였다. 영화관 여기저기서 훌쩍훌쩍 우는 분들도 많았다.

이 영화에서 정부 관료들과 한전의 대처 능력을 보면서 과거 업무를 볼 때 생각이 났다. 공직생활을 하면서 공업계장, 경제과장, 경제국장을 하면서 업무가 지식경제부, 한전과 연관이 있어 항상 대립이 되었고, 실제 싸웠던 일들이 많았다. 그중에 한 가지만 소개한다면, 지역경제과장 시절 당진에 500개가 넘는 철탑이 기존에 있었고, 앞으로 당진의 발전계획에 맞추려면 또 500개가 넘는 철탑을 세워야 해결된다는 한전의 입장을 전해 듣고 어떻게 해야 해결할 수 있나하고 수많은 고민을 많이 했다. 그래서 직원들하고 결론을 낸 것이 여러 개의 철탑 계통도를 하나로 바꾸는 것으로 했다.

신당진(정미)변전소에서 현대제철까지 가는 345TL선이 전용선로로 현대만이 이용할 수 있지만 한전에서 인수하여 GS EPS까지 연결하면 공용선로로 쓸 수 있기 때문에 500개가 20개로 줄어들 수가 있다. 그래서 먼저 한전과 협의에 들어갔다. 그런데 한전 실무진은 기존 계획된 노선에만 집착하고 우리가 제안한 계통도에 대하여는 부정적이었다. 직원들과 협의를 해봐야 시간만 낭비하는 꼴이어서 한전 사장을 만나야겠다고 결론을 내리고 군수를 앞장세워 한전 사장 면담 요청하였는데 사장하고는 면담 성사가 안 되고 김 모 전무와 면담이 성사되었다.

전무하고 대화를 하는데 군수님은 철탑에 대하여 잘 알지 못해 대화를 주도하지 못했다. 어쩔 수 없이 내가 나서 한전 전무와 설전을 벌였다. 내가 열 받아서 목소리가 커지니까 전무의 목소리도 커지기 시작했다. 내가 "전국 어느 지자체가 계통도를 바꾸어 달라고 제안한 경우가 있느냐?" 고 물으니 전무 왈 "없었다." 고 했다. "철탑을 세우지 말라는 것도 아니고 현대제철TL을 한전에서 인수하여 계통도를 바꾸면 500개가 20개로 줄어드는데 국가적으로도 낭비가 안 되고 주민피해도 안 되니 얼마나 좋으냐." 고 따지니까 한전 측은 "기업에서 가져가는 것은 기업이 놓으면 되는 것이고 공용선로는 우리가 철탑을 놓으면 된다." 는 것이었다.

하도 기가 막혀 계속 따지니까 전무 왈 "한전에서 계획된 노선을 바꾸어본 역사도 없고, 못 바꾼 역사도 없어요." 라는 악담을 하였다. 그러면서 싸우다 끝났다. 그 뒤로 철탑 때문에 당진에서 버스 10대 이상 서울에 올라가 한전 앞에서 집회를 가진 적이 있다. 국회의원이 오니까 한전에서 당진대표자들과 만나 준다고 하여 나도 올라가게 되었다. 회의실에서 당진군 지역경제과장이라고 하면서 한마디 하겠다고 발언 기회를 얻어 발언을 하였다. "한전 전무라는 사람이 계획된 노선 바꿔본 역사도 없고, 철탑을 못 세워 본 역사도 없다고 악담을 했다. 이런 분이 한전에 전무로 앉아 있냐?"

회의가 끝나고 내려오는데 국회의원이 내게 "오 과장! 이 사람아! 한전 전무면 대단한 자린데 시골 군청 과장이 그렇게 퍼부으면 돼나?"라고 농담을 하기에 "제가 못할 말 했나요?"라고 응답했다. 그 뒤로 국회의원이 "오 과장이 한 말 잘 써먹고 있네." 하기에 "뭘요?" 하니까 "한전 전무가 한 이야기를 국회 본회의장에서 대정부 질의 때 여러 번 써먹었다."고 하였다. 결국 한전이 새로운 계통도를 수용하고 현대제철과 GS EPS가 협의를 해주어 일단락되었다.

권력은 고이면 썩는다. 법을 만들고 집행하는 정치인들이나 고위공직자들이 법을 집행하면서 마치 자기들의 권력인양 완장 차고 휘두르는 사람들이 많이 있다. 아무리 전력에 관해서 아마추어인 지방공무원이 제안을 했다고 하더라도 한전 전무가 닫힌 사고방식이 아닌 긍정적 마인드를 가졌더라면 그렇게 귀를 닫지는 않았을 것이다. '판도라' 영화에서 한별원자력 고위층을 보면서 전무의 모습이 떠올랐다. 비록 영화에서 원자력발전소 재난에 따른 판도라 상자가 열리긴 했지만, 정부 곳곳에 또 다른 판도라 상자가 가상이 아닌 팩트로 존재할 수 있다고 본다.

〈2016. 12. 12.〉

백년을 살아보니(1)

철학자 김형석 교수가 지은 '백년을 살아보니'라는 책을 사서 시간이 있을 때마다 읽어보았다. 김형석 교수는 안병욱 교수와 함께 대한민국 철학계를 이끈 선구자이다. 고등학교 때 안병욱의 철학 입문서를 읽고 충격을 받은 적이 있었다. 당시 용어가 얼마나 난해하고 어려웠었던지, 국어사전을 옆에 놓고 책을 읽은 기억이 난다. 내용이 너무 신선하였고, 인생에 대해 희미하게나마 눈을 뜨게 한 책이었다.

철학 서적으로 알고 읽어본 '백년을 살아보니'는 이웃집 아저씨가 쓴 책처럼 삶을 있는 그대로의 모습으로 묘사하였다. 김형석 교수가 100년 가까이 살면서 겪은 경험담을 어렵지 않게 이야기 형식으로 풀어냈다. 김형석 교수는 이북 출생으로 6.25때 남하하여 사도(師道)를 천직으로 알고 평생 삶의 본질을 현대인들에게 깨우쳐주는 일에 매진하셨다. 한우리독서문화운동본부 초대회장을 역임하셨고, 독서의 중요성을 알리는데 앞장섰으며 국민들이 책을 많이 읽어야 자기 사고가 가능해지고 진정한 행복을 찾을 수 있고, 나라가 부강해진다고 설파하신 분이다.

책의 프롤로그에서 김 교수는 "나는 세계 여러 지역과 나라들을 여행하면서 크게 느낀 바가 있다. 왜 영국, 프랑스, 독일, 미국, 일본이 선진국가가 되고 세계를 영도해가고 있는가. 이들 나라는 국민의 80% 이상이 100년 이상 독서를 한 나라들이다."라고 단정했다. 2017년 1월 13일 제12회 유일한 상 시상식에서 한 그 분의 말씀을 일부 요약해 본다.

"100년 사느라 고생했다고 주는 상 같다. 장수하는 비결을 가장 많이 묻는데 어디에 기준을 두고 살아가느냐가 비결인 것 같다. 대부분 얼마나 행복하게 인생을 사는가에 기준을 두고 살게 되면 40부터 인생이 시작된다 할 것이다. 그러나 얼마나 보람 있는 인생을 사느냐에 기준을 두고 사는 사람은 인생이 60부터 시작된다. 60은 스스로 믿을 만한 나이이고 인간관계가 사회속의 내가 정리되는 나이인 것 같다. 60~75세까지는 개인과 사회를 위해 가장 의미 있는 삶을 살아갈 수 있는 나이라 생각한다. 그 이후에 어떻게 인생을 이어갈 것인가가 중요한데 노력으로 85세까지는 살더라. 90이 넘어서는 내가 들었던 인사 중 '90 넘어 지금까지 사시느라 많이 힘드시죠?' 라는 인사가 가장 적합하더라. 친구도 가족도 다 떠나보내고 혼자 인생의 짐을 지고 외롭게 살아가는 나이가 90 이후인 것 같다. 무거운 짐을 지고 살아가지만 내가 주변에 도움을 줄 수 있고 베풀 수 있다는 사실이 행복하다." 라고 하셨다.

책은 5단원으로 나누어져있다.

1. 똑같은 행복은 없다 　　행복론
2. 사랑 있는 고생이 기쁨이었네 　　결혼과 가정
3. 운명도 허무도 아닌 그 무엇 　　우정과 종교
4. 무엇을 남기고 갈 것인가 　　돈과 성공 명예

5. 늙음은 말없이 찾아온다 노년의 삶

행복론에 나오는 부분 중 하나를 요약해보면 인간은 사회적 존재이다. 삶의 의미는 물론 행복과 불행도 내가 소속되어 있는 인간의 공동체 속에서 태어나고 주어지는 것이다. 이런 공동체 생활을 하면서 선한 관계를 맺는 사람들은 행복을 느끼고, 그렇지 못하는 사람들은 자신과 사회에 고통과 불행을 더하게 된다. 사회생활에 있어서 선한 가치를 추구해가는 것이 윤리와 도덕의 권고이면서 의무이기도 하다.

〈2017. 02. 11.〉

백년을 살아보니(2)

1장 '행복론'에서 이야기 하신 말씀 중 몇 가지만 뽑아본다. 많은 사람들이 소유함으로써 느끼는 만족감을 행복이라고 한다. 그런 것을 인생의 목적으로 삼는 사람은 소유의 노예가 되어 정신적 행복은 누리지 못한다. 또 더 많은 소유와 독점욕에 빠지게 되면 사회적으로 더 큰 고통과 불행을 초래하게 된다. 오히려 행복을 찾는 것이 더 큰 불행의 원인이 된다.

요즈음 세상이 얼마나 어지러운가. 김 교수의 이런 말씀은 요즈음 세태를 콕 짚어 이야기하는 것 같다. 행복과 성공의 함수 관계에서 나에게 주어진 재능과 가능성을 유감없이 달성한 사람은 행복하며 성공한 사람이다. 그러나 주어진 가능성을 다 발휘하지 못한 사람은 성공했다고 인정할 수 없다.

정성들여 노력하는 사람에게는 실패가 없으나 게으른 사람에게는 성공이 없는 법이다.

사람들은 재산을 어느 정도 갖고 사는 것이 좋은가에서 김 교수는 인격의 수준만큼 재산을 갖는 것이 원칙이라고 하셨다. 인격의 성장이 70이라면 70의 재물을 소유하면 된다. 부모로부터 물려받았다고 해서 90의 재산을 갖게 되면 그 분에 넘치는 20의 재산 때문에 인격의 손실을 받게 되며, 지지 않아야 할 짐을 지고 사는 것과 같은 고통과 불행을 겪는다고 하셨다. 가난은 죄도 아니며 부끄러운 짐도 아니다. 그러나 남을 도와주는 사람도 많은데 다른 사람의 도움을 받으면서 산다는 것은 바람직하지 못하다. 다른 사람의 도움을 받기만 하지 말고 서로 도움을 주고받는 삶이 귀한 것이다. 그러나 적게 받고 더 많은 것을 베풀면서 살 수 있다면 그보다 보람 있고 행복한 삶은 없을 것이다.

'오래 살면 좋을까' 에서는 마음대로 되는 것은 아니지만 나 자신이 행복하게 그리고 이웃 사람들에게 작은 도움이라도 줄 수 있을 때까지 살 수 있다면 그것으로 감사해야 할 것 같다. 나도 고통을 겪어야하고 이웃에게까지 부담과 어려움을 끼치면서 오래 산다는 것은 지혜로운 생각이 아니다. 행복하게 일할 수 있고 다른 사람들에게 도움이 될 때까지 사는 것이 최상의 인생이라는 생각을 해본다고 하셨다. 약 100년을 살아오면서 느낀 생각들이 우리들에게 귀중한 삶의 지표를 제시해 준다.

〈2017. 02. 18.〉

기지시줄다리기

신평면장을 하다가 문화공보실장으로 발령을 받아 꼬박 3년 이상 근무를 했다. 문화공보실 업무에는 문화, 체육, 관광, 홍보업무가 있었는데 기지시 줄다리기 행사도 문화공보실 업무였다. 예전에 기지시 줄다리기는 행정에서도 그랬고 지역주민에게도 완전히 소외된 상태였다. 송악고등학교 학생들을 동원하여 줄나가기, 줄다리기를 했는데 참여 주민도 고작 300~400명 정도였다. 그 원인은 여러 가지가 있지만, 당진에서 세계적으로 내세울 문화재는 기지시줄다리기라고 생각했다. 그런데 이렇게 방치한다는 자체가 행정기관이나 지역주민들이나 너무 안이하게 생각하지 않았나 싶었다.

그래서 기지시줄다리기 행사에 앞서 문화공보실 직원 30여 명이 기지시줄다리기 행사에 올매진을 하게 하였다. 내신기자단과 외신기자단으로 나누어 팸투어를 진행했고, 한국관광공사를 방문해 간부급을 모아놓고 줄다리기 비디오를 틀어주며 지원을 당부하였다. 그때 기능보유자 두 분을 모시고 우강 짚누리술 2통을 가지고 갔는데, 식당에서 관광공사 간부들과 1통을 다 비웠다. 그때 의형제를 맺은 분을 행사에 초대하여 줄다리기에 함께 참여하도록 했다. 당시 한국관광공사가 많은 홍보와 지원을 해 주었다. 외신 기자단 팸투어를 한 후 인민일보 기자, 워싱턴 포스트지

기자, 일본 기자 등이 신문에 낸 것을 나에게 보내주었었는데 지금 그 자료가 시청에 보관되어 있는지 모르겠다.

세계화 원년을 외치면서 몰입한 결과 성과는 대단했다. 그동안 학생을 동원했었는데 학생동원을 하지 않으니 보존위원회에서 만약에 관광객이 오지 않으면 행사가 실패할지 모른다는 염려가 많았다. 그래서 나는 실패도 보약이 될 수가 있다고 하면서 일부러 학생 동원을 하지 않았다. 배수의 진을 친 셈이었고 더 열심히 하려는 의도였다. 그 결과 관광객들이 수천 명이 와서 대성황을 이루었고 행정에서 주장한 세계화 원년을 이룰 수가 있었다. 그때 일본 줄다리기 임원들을 초청했다. 약 25명 정도가 왔는데 회장이 내게 책을 한 권 선물을 했다. 일본 가리와노줄다리기에 대한 책이었다.

그 책을 보고 너무나 놀래서 기가 막힐 정도였다. 가리와노줄다리기 역사가 약 300년 전이었고, 그 당시 초대 줄다리기 회장은 누구고 회원은 누구였고 등이 자세히 기록돼 있었다. 줄 꼬는 설계도까지 첨부되어 있었다. 일본 사람들의 섬세함이 그대로 담겨 있었다. 300년 전부터 지금까지 역사를 그대로 집필하고 있는 일본과 비교해 우리나라 기지시줄다리기는 수백 년의 역사를 지녔음에도 기록 하나 없는 것을 보면 우리나라와 일본의 국민성을 비교할 수 있다. 국민성은 나라마다 각각의 특징이 있고 장단점이 있지만 배울 것은 배워야 한다.

그 당시 행사를 마치고 바로 용역을 주었다. 강릉 단오제를 유네스코에 등록 시킨 중앙대 김선풍 교수에게 기지시줄다리기 기록과 설계도 작성에 대한 용역을 주고, 김선풍 교수 방을 방문하였다. 그가 단오제 책자를 보여 주는데 시나리오만 3권으로 편성

돼 있었다. 아무래도 전문가의 손이 가야 우리가 못 보는 부분까지 전문적으로 기록을 할 수가 있다.

줄다리기 행사를 하고 저녁에 일본 사람들하고 저녁을 먹는데 일본 젊은이가 한 말이 지금도 생생히 기억이 난다. 일본 사람이 한 말 중에 "소름이 끼친다. 한국의 저력을 보았다."는 이야기였다. 일본 줄다리기 규모는 우리와 같은데 사람들이 줄나가기를 하는 것이 아니다. 기중기로 시내에 갖다 놓고 왔다 갔다 하다가 줄다리기를 하는데 기지기줄다리기는 3시간 넘게 영차 영차하면서 조금씩 이동한다. 거치를 하고 줄을 다리는데 약 4시간이 걸리는 걸 보면서 놀란 모양이다. 이렇게 엄청난 줄을 사람이 이동을 시키는 협동, 단결력을 두 눈으로 보고서 두려움을 느낀 것 같다.

행사가 끝나고 문화공보실 직원들의 회식 시간이 있었는데 지금은 행정안전부에서 근무하는 관광팀 직원이 하는 말이 걸작이었다. "허니께 되네유."

이렇게 무에서 유를 창조해본 직원들은 어디 부서에 근무를 해도 하면 된다는 신념이 있기 때문에 두려움을 모르고 행정을 펼치게 되어있다.

기지시줄다리기는 풍년과 국태민안을 위한다고는 하는데, 그 속에는 국민들의 협동과 단결력이 숨어있다. 행정이나 주민들은 줄나가기를 그저 행사로 볼 것이 아니라 조상들의 숨은 뜻인 협동과 단결력이 무엇인지를 알아야 한다. 수 톤이 되는 줄을 한 사람 한 사람의 힘이 보태어 움직이는 협동 단결의 저력을 알아야 한다. 그리고 이런 협동, 단결 정신의 숨은 조상들의 뜻을 책자와 박물관에 홍보해야 한다.

〈2017. 04. 10.〉

도요새 나들이

요즈음 한참 모내기를 하려고 논을 써레질 하고 있고 그 틈을 타 백로들이 먹이 사냥을 위해 트랙터 뒤를 좇아 다니는 것을 보았지만, 엊그제 도요새 무리는 처음 봤다. 원래 도요새는 갯벌에서 먹이를 잡아먹는 것으로 아는데 논에서 무얼 잡아먹는지 모르겠다. 도요새는 호주-한국-시베리아를 날아다니는 철새이다. 우리나라는 봄철과 가을철에 지나간다. 여름에 시베리아에서 번식하는 새로 보통 1만㎞에서 3만㎞를 날아간다고 한다. 세상에서 가장 멀리 나는 새로 알려져 있으며, 학명은 snipe이다. 저격수 sniper에서 유래한 것으로 정확하게 일정한 대상을 노려서 잡아먹는 다는 뜻이다. 전 세계에 86종이 있으며 우리나라에는 36종이 오고간다고 한다.

도요새와 관련된 고사성어로 어부지리가 있다. 중국 전국시대에 연나라, 조나라, 진나라가 있었다. 연나라가 기근이 들자 조나라 혜문왕이 연나라를 치려고 하는데 동생 소대가 "오늘 귀주에 돌아오는데 역수를 지나다가 강변을 바라보니 조개가 조가비를 벌리고 햇볕을 쬐고 있는데, 이때 갑자기 도요새가 날아와 뾰족한 부리로 조갯살을 쪼았습니다. 깜짝 놀란 조개는 조가비를 굳게 다물고 부리를 놓아주지 않았습니다. 이렇게 양보 없이 팽팽히 맞서다가 이곳을 지나가는 어부에게 그만 둘 다 잡혀버리고 말았습니다. 전하께서 지금 연나라를 치시면 연나라가 조개라면 조나라는 도요새입니다. 두 나라가 공연히 싸우다가 백성들이 피폐해지면 강대한 진나라가 어부가 되어 다 바치게 되고 말 것입니다." 라고 하여 혜문왕은 침공을 철회하게 되었다는 고사이다. 300g의 몸이 3만㎞를 날아가는 강인함과 어부지리의 교훈을 되새겨 본다.

〈2017. 05. 17.〉

생각하는 정원. 제주도

생각하는 정원

BTB GAS 주주들과 매년 한 번씩 바람을 쐬러 다니는데 이번에는 제주도를 다녀왔다. 제주도는 다들 여러 번 가봐서 관광지도 이미 가본 경험이 있는 경우가 많은데 이번에는 가보지 않은 곳 위주로 다녔다. 그 중에 '생각하는 정원'은 한 번도 가보지 못해서 별 생각 없이 갔는데 그 곳에서 새로운 사실을 알게 되었다. 1968년 성범영 원장이 황무지를 개간하여 청원농장으로 이름을 지었고, 1992년 7월 분재예술원으로 개원했다가 2007년 개원 15주년을 맞아 '생각하는 정원'으로 개칭했다고 한다. 처음 개간하면서 정원으로 만들 때 인근 주민들

성범영 원장님과 영광의 한 컷

은 성 선생에게 미쳤냐고 물으며 나무가 밥을 먹여 주는 것도 아닌데 웬 비싼 나무를 그렇게 많이 심느냐고 비난을 했단다.

이러한 불굴의 정신이 중국에 알려지면서 중국 9학년 의무교육교과서에 실렸다. 교과서에는 성범영 원장의 정원을 조성한 분투 여정과 문화적 가치를 한강의 기적과 함께 한국 민족정신의 모범으로 소개하고 있다. 중국의 장쩌민, 후진타오, 일본의 나까소네, 몽골의 바카반드 전 대통령, 북한 김용순 노동당 비서 등이 다녀가면서 명소가 되었다. 중국 지도부는 성 원장의 불굴의 정신을 배워 오라며 당 간부들에게 방문을 권유했다고 한다. 다행히 현지에서 성범영 원장님을 만나 1시간 정도 대화를 나누던 중 많은 사실을 알게 되었다. 세계에 우리나라 정원의 진수를 소개하고 있는데 정작 우리들은 잘 몰랐으니 어처구니가 없다고나 할까. 세계 전문가들로부터 세계에서 가장 아름다운 정원이라는 찬사를 받고 있는데 이제 가보았으니…….

〈2017. 07. 07.〉

海天一色

2017년 7월 8일 태안 만리포에서 친구가 가족호텔 준공식을 가졌다. 아마 만리포에서 제일 큰 건물일 것 같다. 건물 공사 중에 한 번 가보겠다고 마음을 먹었지만 실상 가보지는 못했다. 친구의 번창을 기원한다. 준공식장에 중학교 때 은사님이 오셔서 매우 반가웠다. 은사님은 경기대 학장과 한국서예가협회 회장을 역임하셨고, 현재 한국서가협회 고문과 경기대 이사장으로 재직 중이시다. 은사님의 글을 받는다는 것은 상당히 어려운데 친구가 은사님의 귀중한 글을 받아 현관에 전시해 놓았다.

'海天一色無定界(해천일색무정계)' 라는 글귀이다. '바다와 하늘이 한 색이어서 그 경계를 나눌 수 없는 아름다운 곳' 이란 뜻이다. 그 유래는 중국 서호 호심정 섬에 있는 虫二(비석에는 충의 머리변이 없는 글자이다. 사전에 없어서 대신)라는 비석에서 유래한다. 청나라 건륭제(乾隆帝)가 항주 서호를 유람하면서 서호의 풍경에 취해 남긴 글인데 원래 '풍월무변(風月無邊)' '풍월은 끝이 없구나.라고 하려다가 풍월의 변을 떼어버리고 충이라는 글자를 비석에 써놓았다.

바람과 달빛에 막힘이 있어서는 안 된다는 뜻이다. 이 비석을 보는 사람들이 무슨 뜻인지를 몰랐는데 배를 젓던 노인이 水天一色(수천일색)이라는 훌륭한 댓구를 남겨서 그 뜻을 알게 되었다는 은사님의 풀이였다. 즉 서호와 하늘이 같은 색처럼 너무 아름답다는 뜻이다. 은사님이 친구의 호텔 옥상에서 만리포 앞바다를 보면서 바다와 하늘이 한색이며 그 경계를 나눌 수 없을 만큼 아름답다는 느낌을 받아 쓰셨단다. 은사님과 술 한 잔을 하면서 중학교 때 추억들을 회상해보는 즐거운 시간이었다.

〈2017. 07. 12.〉

연호 문화 축제

7월 22일과 23일 양일간 합덕수리박물관에서 제1회 버그내 연호 문화 축제가 개최되었다. 사무실 옆이고 또 과거 공무원일 때 심혈을 기울여 수리박물관 건립과 연호 방죽 복원을 담당했기 때문에 이틀 동안 참여를 했다. 날씨가 무더워서 사람들이 오지 않을까 하는 염려를 했는데 많은 관람객들이 모였다. 제1회 대회지만 매우 성공적이었다는 느낌을 받았다. 그리고 합덕의 여러 가지 축제를 연호축제 하나로 묶어냈는데 그 아이디어가 매우 좋았다고 본다. 또한 하나로 묶는 과정에서 지역민들의 갈등을 미리 사전에 최소화하고 공론화하여 합덕읍민을 하나로 묶는 역할까지 하여, 연호 축제도 축제이지만 합덕의 화합을 도모한데 더 의미가 있다고 생각한다.

지역이 발전하려면 무엇보다 지역민의 단합과 화합이 제일 중요하다고 본다. 이번 축제를 계기로 합덕이 화합 단결하여 낙후된 지역에서 발전하는 지역으로 거듭났으면 하는 바람이다. 예전의 합덕 지역경제는 당진시내보다 호황이었다. 쌀값이 비쌌기 때문에 합덕, 우강의 곡창지대에서 나오는 쌀을 도정하는 방앗간의 '보관증' 한 장이면 못하는 것이 없는 세상이었다. 합덕에서 생산되는 신광, 금광 탈곡기가 전국으로 공급됐기 때문에 전국의 돈이 합덕으로 모여들었고, 배가 정박할 때 쓰는 닻도 서해안권에서 사용되는 것은 합덕에서 공급을 하였다.

당시 합덕시장에 유흥업소가 70여 개 있었다고 하니, 합덕에 얼마나 많은 돈이 돌았는지 짐작이 된다. 예전 이야기를 들어보면 당진에서 합덕으로 술꾼들이 몰려오곤 했다는데 지금은 완전히 거꾸로 되어 버렸다. 합덕의 예전 영화가 사라져 버렸다. 예전의 흥했던 상권은 온 데 간 데 없어져 밤이 되면 썰렁 그 자체이다. 그렇다고 비관에 빠지면 더욱 지역 발전이 어렵다. 지역에서 할 수 있는 일을 하나하나 추진하다보면 실마리가 풀리고 다시 시작할 수 있는 힘이 생길 것이다.

그 하나의 시작이 연호방죽 복원이다. 며칠 전 방송을 보니까 부여 궁남지에서 쪽배체험을 올해부터 시작하기로 했다고 보도되었다. 문화공보실장 때에 연호방죽을 복원하여 나룻배를 운영하려고 계획을 했던 것이 생각나 TV에서 부여쪽배체험을 보면서 아쉬움이 컸다. 지금이라도 하루빨리 제대로 된 연호방죽을 복원하여 제2회 연호축제에서는 나룻배 체험도 해보았으면 하는 마음이고, 석우천 반대쪽도 연호 방죽을 복원할 수 있는 방법을 공론화 했으면 한다. 제1회 연호축제가 성황리에 끝났으니 축제 결과 분석 보고회를 개최하여 합덕읍민의 관심을 더 끌어내고, 앞으로 연호 방죽을 어떻게 발전시킬 것인지를 도출하여야 한다.

〈2017. 07. 25.〉

백로 서식지로

집 앞 연못에 아침마다 중백로 30여 마리가 찾아오고 있다. 아침마다 찾아오기에 처음에는 한 번 오고 마는 철새 정도로만 여겼다. 그런데 매일 아침마다 찾아오니 눈에 보이지 않으면 궁금해졌다. 백로는 종류가 수십 가지가 되는데 집 앞에 찾아오는 백로는 큰 백로도 쇠백로도 아닌 중백로인 것 같다. 백로는 수중보 등에 가만히 있다가 물고기를 잡아먹는데 쇠백로는 백로 중 사냥 기술이 제일 뛰어나서 쫓아다니며 먹이를 사냥한다. 중백로와 황로는 물고기뿐만 아니라 곤충도 잡아먹는다. 처음에는 집 앞 연못 주위에서 먹이 사냥을 하더니 잔디밭에서도 먹이를 찾고 있다가 지금은 집 뒤 밭에서도 수십 마리가 아침마다 먹이 사냥을 하고 있다.

아마 주변에 농약을 쓰지 않아서 지렁이, 메뚜기 등 곤충이 많아서 오는 듯 싶다. 봄에는 연못에 물이 마르니까 큰 백로가 와서 미꾸리와 우렁을 잡아먹곤 하는데 지금은 중백로가 와서 곤충을 잡아먹고 있다. 연못에 미꾸리와 우렁이를 넣었는데 미꾸리는 아마도 다 잡아먹어서 거의 없어진 것 같다.

연못에 여러 가지 연꽃을 심었으니 실컷 연꽃 감상을 할 수 있게 됐다. 더불어 백로도 볼 수 있으니 금상첨화이다.

〈2017. 08. 10.〉

솔뫼 성지

제3회 프란치스코 데이 행사장에 다녀왔다. 교황 방문 기념으로 행사를 열고 있는데 솔뫼 성지가 예전과는 다르게 많은 사람들이 다녀가고 있다. 교황께서 다녀가신 이후 천주교 순례객들과 관광객들이 많이 오고 있다. 솔뫼는 김대건 신부의 탄생지로 유명하다. 내가 시 문화공보실장으로 부임했을 때만 해도 솔뫼에는 김대건 신부의 생가나 기념관이 없이 생가 터만 있었다. 특별교부세를 지원받고 도비와 시비로 예산을 세워서 복원을 추진했는데, 도 지정 문화재를 복원하려면 충남도 문화재심의위원회의 심의를 받아야 했다. 심의위원회를 통과하려면 김대건 신부가 초가집에서 살았는지 기와집에서 살았는지, 가옥의 형태를 규명해야 하는데, 사진도 없고 기록도 없으니 심의 위원회에 제출할 자료가 없어 난감했다.

어떻게든 추진하겠다고 여러분들의 도움을 받아 예산을 수립해 놓았지만 당시 공무원들의 실력으로는 김대건 신부의 생가 형태를 복원할 수가 없었다. 시간은 흘러가고 잘못하면 국비를 반납해야하는 지경에 이르렀다. 그 무렵 윤인규 신부에게 부탁해 추진할 수 있었다. 다행히 윤 신부는 가톨릭 역사에 대하여 연구를 해 관련 지식이 풍부한 분이셨다. 윤 신부께서 솔뫼 근처의 90세 이상 어르신 분들의 고증과 충남 서북부의 기와집 형태를 고

증하여 문화재심의위원회를 통과하게 됐고, 이로 인해 생가를 복원할 수가 있었다. 솔뫼에 가면 김대건 신부 생가 복원 작업이 지연되어 어려움을 겪던 일, 전시관 건물 형태를 선정하면서 여러 번 의견충돌이 있던 일 등이 떠오른다.

〈2017. 08. 19.〉

여명의 아름다움

가을이 오고 있는 아름다운 모습이다. 엊그제 폭우로 인해 집에 내려오는 도로에 사리 부설한 것이 유실되어 아침 일찍 일하려고 나왔는데 여명의 모습이 너무 아름다웠다. 웬 비가 그리 왔는지 도로가 움푹 패어버렸다. 아침 저녁으로 날씨가 선선하고 하늘이 높아져 가는 시절이다. 벌써 벼가 익어 고개를 숙이고 있으니 참 세월이 빠르긴 빠르다. 그 무더운 날씨가 엊그제 같은데 말이다.

빠른 세월 속에서 벌써 사업을 시작한 지가 만 3년이 지나가고 있다. BTB GAS회사는 당초 2013년 말에 '합덕산업가스회사' 로 법인이 설립되었고, 2014년 7월에 지분을 인수하여 회사 명칭을 BTB GAS회사로 변경하여 운영을 하였다. 운영을 시작한 후 금년도 6월과 7월의 월간 매출이 처음으로 3억 원을 돌파하였다. 영업 직원도 없이 직접 동분서주 뛴 것이 이제 열매를 맺고 있다. 2016년 재무재표상 매출이 20억 원을 넘었고, 이제 월 매출이 3억 원을 넘어 소기의 성과를 거두었으니 마음이 뿌듯한 것은 사실이다.

처음 시작할 때는 월 매출 3억 원은 생각지도 못했지만 말이다. 처음에는 시설 투자 자금이 없어 신용보증기금이라든지 금융권을 노크 했지만 신설법인이고 매출이 없으니 자금을 지원해 줄

리 만무했다. 어쩔 수 없이 아는 지점장을 찾아가 1억 원을 대출받고 내가 담보 대출을 추가로 1억 원 받아 모두 2억 원으로 운영을 했다. 지금은 재무상태가 좋고 신용평가기관으로부터 좋은 등급을 받기 때문에 자금 걱정 없이 회사를 운영할 수가 있어 한층 마음이 가벼워 졌다.

엊그제 아는 친구와 골프를 했는데 1년에 소득세만 1억 2000만 원을 내고 건강보험비만 800만 원을 낸다고 하면서, 아침 새벽부터 고생하는 것을 생각하면 세금 내는 게 어떨 때는 아깝다고 생각한다는 이야기를 들었다. 세금을 내면 국가 유공자인데 자부심을 가지면 되고, 또 그런 세금을 내 봤으면 좋겠다고 농담을 했었다. 그 친구가 매일아침 일찍 일어나면서 남들이 못 보는 이런 여명의 아름다움을 보는 것으로 만족했으면 하는 바람이다.

〈2017. 08. 28.〉

가학리 볏가릿대거북놀이

송악읍 가학리 마을총회에 다녀온 일이 있다. 그 곳에서 이병무 어르신을 만났다. 이병무 어르신은 예전에 볏가릿대거북놀이 상쇠 역할을 맡았던 분이시다. 그 때 덕담을 얼마나 구수하게 하셨던지 그때 기억이 지금도 생생하게 남아있다. 볏가릿대거북놀이는 내가 당진시청 문화공보실장으로 재직할 때 제44회 한국민속예술축제에 출품할 작품으로 충남 대표로 신청하여 선정되어, 충남도에서 1억 원의 예산을 지원받아 1년 간 참가 준비를 한 작품이었다.

볏가릿대거북놀이는 볏가릿대 세우기와 거북놀이로 나뉜다. 볏가릿대 세우기는 정월 대보름에 볏가릿대를 우물가에 세워 놓고 풍년을 점치는 행사다. 장대에 곡식을 매달아 세워놓고 풍년을 기원하는데 오곡이 붙어 있으면 풍년이 오는 것으로 보지만, 붙어있지 않으면 흉년이 오는 것으로 판단한다. 이병무 어르신이 장독대 굿과 마당놀이를 하면서 덕담을 풀어놓는 것이 관중들의 흥미를 끌고 빠져들게 만들곤 했다.

거북놀이는 무병장수를 기원하는 놀이이다. 어미 거북이가 춤을 추고 새끼 거북이가 뒤를 쫓아다니는 놀이다. 거북이 모형 속에 들어가서 거북이처럼 움직이는 일이 여간 어렵지 않다. 여름에 연습을 하면 땀으로 온 몸이 뒤범벅이 될 정도로 힘든 놀이이다.

볏가릿대거북놀이는 전국 대회 참가에 대비해 장장 1년 여에 걸쳐 연습을 했다. 가학리 마을 회관 앞에서 연습을 주로 했지만 대회가 임박해서는 공설운동장에서 맹연습을 했다. 연습을 하는 모습을 지켜보면 너무나 안쓰러웠다. 특히 책임자였던 안준영 씨를 비롯해서 이병무 어르신 등 백여 명이 참으로 고생을 하였다.

2004년 제 44회 한국민속예술축제가 강원도 동해에서 개최되었다. 충남 대표로 1년 여 연습을 한 볏가리대거북놀이가 결선에 참가한 운명의 날이 밝아 왔다. 가학리 주민들과 함께 현지에서 공연하는 모습을 지켜보는데 얼마나 가슴이 조마조마 하던지 지금 생각해도 긴장된다. 혹시나 실수하면 어떡하나 가슴을 졸이며 공연을 지켜봤다. 전국에서 각 시도를 대표해 수십 개 종목이 출전을 했는데 출품작 중 볏가릿대거북놀이의 반응이 제일 좋았다. 가학리 주민 참여자 모두가 한 치의 실수도 없이 완벽하게 볏가릿대거북놀이를 재현했다.

심사위원회가 가채점한 결과를 파악해보니 최고상인 대통령상 수상이 유력했다. 그런데 발표는 달랐다. 대통령상을 기대하고 기다리는데 볏가릿대거북놀이가 입장상이라는 발표가 먼저 나왔다. 대통령 수장작품에 입장상까지 줄 리가 없다는 판단을 하니 왠지 불안감이 엄습해왔다. 역시나 장려상으로 발표가 됐다. 대통령상이 "밤새 안녕"하고 떠나버린 것이다. 가채점 결과 대통령상이었는데 밤이 지나면서 장려상으로 내려앉은 것이다. 모든 참가자들의 어깨가 축 늘어진 것은 당연한 일이었다. 하루아침에 왜 대통령상이 장려상으로 바뀌었는지 원인 규명에 들어가야 했다.

심사위원장을 만나 상황 파악을 해보니 그는 "심사위원 중 한 명이 가학리볏가릿대거북놀이가 왜곡되었다."고 너무 강하게 항의해 대통령상을 줄 수가 없었다는 것이다. 그 심사위원이 볏가릿대거북놀이가 왜곡되었다고 주장한 이유를 수개월이 지난 이후에야 알게 됐다. 그러나 그 이유는 너무나 황당했다. 당진에 거주하는 모 인사가 그 심사위원을 잘 아는 사이인데 그 심사위원에게 이 볏가릿대거북놀이는 완전히 가짜라고 주장을 했다는 것이다. 그가 그렇게 말한 이유가 더 기가 막힐 노릇이다. 알고 보니 그는 감독자리를 자신에게 맡기지 않았다는 이유로 토라져 있었고, 그 분풀이를 한 것이다.

그 당시 감독비를 5천만 원을 주었던 것으로 기억한다. 자신이 5천만 원을 받고 감독을 했어야 하는데 그것을 못해서 앙심을 품고 그런 짓을 한 것이다. 참으로 무책임하고 염치가 없는 사람이었다. 아까운 무형문화재를 사장시킨 장본인이다. 대통령상을 받았으면 문화재로 지정이 되어 전통문화가 계승될 계기가 되었는데 무책임한 한 사람 때문에 일이 이 지경에 이르게 되었다.

볏가릿대거북놀이 책임자였던 안준영 이장이 가학리 주민들과 같이 가서 그에게 강력항의를 했지만 이미 엎질러진 물이었다. 어떤 방법으로도 다시 물을 주워 담을 수는 없었다. 너무나 안타까운 일이었다. 가학리 주민들이 항의를 해서 그런지 그 분은 충남이 아닌 다른 곳으로 이사를 가버렸다. 아마도 그도 양심상 죄책감이 들어서 이사를 가버린 것이 아닌가 생각한다. 볏가릿대거북놀이가 한 사람의 잘못된 생각으로 무형문화재로 지정을 못 받았지만 지금이라도 다시 한 번 지정을 받을 수는 없는 것인지 생각해 보는 하루였다.

〈2018. 01. 19.〉

제5부 지역

사는 집 모습 소개

집을 건축한 지도 약 10여 년이 지난 것 같다. 이 집터는 부모님이 합덕에서 이사한 후 사신 집이었는데 아버지가 돌아가시니까 어머니가 갑자기 치매가 생겨 당진에서 모시기 어렵게 됐다. 집사람을 설득하여 집을 지어서 지금까지 살고 있는 중이다. 치매이기 때문에 황토 집으로 지었는데 내가 직접 설계를 했는데 집을 짓고 나니 예측이 약간 빗나갔다. 양쪽 방과 가운데는 거실로 설계를 했는데 가운데 지붕과 양쪽 방 지붕 차이의 예측을 잘못해 스머프 집의 형태가 됐는데 그래도 봐 줄만은 한 것으로 위안을 삼았다.

황토가 15톤 덤프트럭으로 15차가 들어갔고 30㎝ 소나무 약 1000여 개를 브럭매쉬로 연결하면서 벽을 쌓았다. 처음에는 당진에 황토집을 짓는 업체가 없어 안산의 업체를 선정하여 시작하였는데 기둥만 세워놓고 돈을 더 달라고 하는 바람에 직접 인부를 사서 흙을 쌓았으며 목공일 등 중요한 작업은 내가 직접 하였다. 내가 50년 동안 살면서 온 열정과 혼을 다 넣어서 지은 집이다. 집을 직접 짓다보니까 자재비는 상당히 싸다는 것을 그때 알았다. 도어록을 2800원에 사서 달았는데 도로교통과장을 하면서 신터미널 화장실 도어 손잡이가 자주 파손되는데 직원이 견적을 올리는데 2만 8000원에 결재를 해달라고 하기에 직원에게 말하기를 "모르면 사인을 하겠는데 알면서는 못 하는 것 아니냐."고 말한 적이 있다.

처음에 천안 공구상가에 가서 공구를 사는데 에어콤프레셔가 9만 원정도, 전기 대패가 6만 원, 컷터기가 6만 원정도 밖에 안하는 것을 보고 깜짝 놀랐다. 필요한 공구를 다 샀는데도 50만 원 정도에 불과했다. 창문은 그때만 해도 좋은 것이 없어 캐나다산 기노창호로 했는데 페어글라스에 가운데 아르곤이 들어가 있어 열을 차단해 결로현상이 없는 창이다. 창문은 선택을 잘 한 것 같다. 집을 지으면서 어려움은 집을 아름답게 하려고 통나무를 넣었는데 통나무가 마르고 흙이 마르면서 사이가 벌어져 그것을 메우는데 어려움이 이만 저만이 아니었다. 당시에는 흙으로 짓는 집들이 없어 누구에게 배우지도 못하고 혼자 연구하면서 집을 짓느라고 고생 꽤나 했다.

흙집의 어려움은 방수다. 여름 장마가 며칠간 계속되어 비가 벽을 때리면 빗물이 침투되어 무너지기 때문에 방수를 어떻게 할 것인지가 문제이다. 그리고 통나무는 자외선을 계속 쪼이면 나무가 탈색이 되기 때문에 자외선 차단제를 발라주어야 한다. 그래서 연구해본 결과 나무 방수제는 독일제가, 흙방수제는 프랑스제가 좋다는 것을 파악해서 방수를 했는데 지금은 우리나라 제품도 품질이 좋아서 우리나라 제품을 쓰고 있다. 약 2년에 한 번씩 방수를 하고 있다. 공사비는 평당 200만 원 정도 들어갔다. 내 인건비는 빼고. 만약에 통나무 1000개를 넣지 않고 공사를 했다면 이보다 더 저렴하게 집을 지었을 것이다. 만약에 지금 내가 직접 황토 집을 짓는다면 30평 규모에 5000만 원 미만으로 지을 수 있을 것 같다.

아쉬움이 있다면 거실 가운에 큰 기둥을 설치해서 생활공간이 넓게 나오지 않았다는 점이다. 거실공간이 여유가 있었으면 장작난로를 영구적으로 설치할 수 있었는데 지금은 겨울에만 설치하고 여름에는 떼야하는 번거로움이 있다. 그리고 방바닥을 황토로 10㎝ 이상 공사했는데 급하게 하다 보니 바닥이 갈라져 생활에 불편이 있다. 황토를 잘 반죽했으면 갈라지지 않았을 텐데 말이다.

집을 지은 뒤 집 구경 하러 많은 사람들이 왔는데 황토 집을 짓는 노우하우를 있는 그대로 알려주었다. 한번 해보지도 않았던 집을 지으면서 많은 고생을 하였지만 그래도 내 손으로 직접 설계를 하고, 볼품은 없지만 내가 직접 집을 지었다는 것에 만족을 하면서 살고 있다. 무엇보다 어머님이 돌아가실 때까지 모신 것이 마음의 위안이 되고 있다.

〈2015. 01.10.〉

해상도계분쟁(1)

지금 당진시에 해상도계분쟁 논의가 뜨겁다. 해상도계분쟁에 대하여 2010년도 총무과장을 하면서 1년 동안 그 일을 실무적으로 맡았던 경험이 있다.

경기도 평택시가 해상도계분쟁에서 헌법재판소의 패소를 받은 후에 잠잠해져 있다가 2009년 4월 1일자로 지방자치법이 개정되면서 공유수면의 매립지 명칭과 구역에 대하여는 행정안전부장관이 결정하도록 하여 문제가 다시 불거지게 되었다. 헌법재판소에서 승소하면서 당진 땅으로 등록한 토지는 문제가 없지만 2009년 4월 1일 이후로 매립한 토지에 대하여는 평택시에서 행정안전부장관에 이의를 신청하여 현재까지 쟁송이 진행되고 있다.

2010년도에 평택시가 이의를 제기하면서 당진군에서도 충남도와 대책협의를 하는데 충남도 행정부지사가 한다는 말이 "서부두는 행정편의상 평택 쪽에서 관리하는 것이 맞다."는 것이다. 이렇듯 충남도가 분명한 입장을 보이지 못하는 것은 서천군도 전북도와 해상경계 분쟁이 있기 때문이다. 지금은 무산되었지만 장군국가공단 사업에 매립이 되면서 해상도계로 하면 전북에 약 천만 평을 빼앗길 위기에 있어서 당진은 빼앗아야 하고 서천은 빼앗기게 되었으니 이러지도 못하고 저러지도 못하는 경우이지만 행정부지사가 그렇게 이야기 한 것은 있을 수 없는 일이다.

그때 판단한 것은 충남도의 도움을 받기는 다 틀렸다고 여겼으며, 도계분쟁은 당진군이 직접 나서야 한다고 결정을 하여 도계분쟁이지만 당진군이 변호사를 선임하고 변호사 수임료도 당진군이 직접 지급하였다. 신촌 법무법인이 법적인 의견서를 작성하였고, 지리적 역사적 상황 등에 대하여는 총무과에서 당시 이 모 팀장과 과장이었던 내가 직접 작성하였다.

행안부에 제출한 서류에 게재한 평택시의 무례한 행위를 몇 가지 소개해 보고자 한다. 먼저 싱가포르 이콘그룹으로부터 행담도의 매립승인 시 평택시가 10만 명 서명을 하여(내용은 행담도가 매립이 되면 팽택시가 수장이 된다는 의견이다) 정부에 제출 12만 4000평이 7만 4000평으로 줄어들게 하여 결국 외자유치에 실패하였고, 지금까지 개발이 지연되게 된 것은 근본적으로 평택시 때문이다.

그리고 평택당진항의 명칭은 본래 아산항이다. 80년도 말 기획계에서 근무할 당시 서해안 개발 업무를 볼 때 분명히 항만법 시행령 항만의 명칭 및 위치 조항에서 아산항으로 되어있었다. 인천시가 분리 되면서 인천항을 인천시에 넘겨주다 보니까 대안으로 아산항에 관심을 가지게 되었고 시행령이기 때문에 법을 바꾸지 않아도 되니까 평택항으로 명칭을 바꾸어 버렸는데 충남도청도 몰랐고, 아산시도 그렇고 당진군도 몰랐을 것이다. 해상도계분쟁에서 승소를 하여 평택당진항으로 다시 바뀌었는데 자세히 이야기 하자면 몇 장을 써야하는데 아쉽다.

또한 아산시와 평택시 사이에 제방이 생기면서 호수가 생겼는데 당연히 아산만이었으니까 아산호로 불리어야 되는데 평택에서는 평택호로 부르고 있으며 국가기관에 상당히 어필이 되어 평택호로 게재되어 있다. 평택 쪽에 농어촌공사 관리사무소가 있는데 명칭이 없이 '호관리사무소'라고 쓰여 있다. 전국에 이름 없는 관리사무소는 여기뿐이 없다. 한마디로 코미디를 보는 느낌이다.

서부두에 업체가 들어오면서 생활용수가 평택에서 공급되고, 전기는 당진과 평택 양쪽에서 공급을 받고 있는데 평택에서 생활용수 등 공급을 막아 버린다고 수차례 여론에 흘리곤 하였다. 그래서 생활용수는 수도권 상수도가 들어오지만 공업용수는 아산시 정수처리장에서 공급이 되기 때문에 아산에서 막아버린다고 한 적이 있다. 또 도시가스가 평택에서 들어오려고 하는 것을 막아 서해도시 가스가 들어가도록 도와준 적이 있다.

그리고 평택당진항 부두가 배치된 것을 보면 평택 쪽에는 컨테이너부두, 여객부두 등 클린부두로 되어있고, 당진 쪽에는 시멘트부두, 양곡부두 등 더티부두로 배치되어 있다. 이 또한 평택시의 압력에 의해서 결정이 되었다. 당진 신평과 내항과 연결되는 연륙교 계획에 대하여 엄청난 사업비가 들어감으로 철회되어야 한다고 줄기차게 중앙정부에 압력을 넣고 있다. 이렇듯 평택시와 당진시를 비교해 보면 힘의 논리에서 밀리는 분명한 모습을 보이고 있다. 경기도와 충남도를 비교해 보면 문제가 발생하여 국회의원들이 모여 대책회의를 하면 경기도는 다 모이는데 충남도는 잘 모이지 않는다는 것이다.

도계를 보면 당진과 평택으로 나누어지고 있지만, 항만은 국가항만으로 국가에서 관리하는 항만이다. 평택당진항이 발전을 하려면 평택시와 당진시가 손잡고 공동 번영을 해도 모자랄 판에 서로 으르렁 거리고 싸운다면 국가의 지원을 받기가 어려울 것이고 다른 항만으로 물동량이 빼앗길 것이다.

〈2015. 02. 07.〉

해상도계분쟁(2)

평택 당진항의 내항이 매립이 되면 당진 땅이 약 300만 평, 평택 땅이 약 290만 평, 아산 땅이 약 40만 평 정도가 된다. 그러니 평택에서 이 많은 땅을 빼앗기게 되었으니 다시 자기들 땅으로 찾으려고 안달이 났다. 전국적으로 매립지의 경계분쟁은 2004년도 당진-평택 분쟁사건, 2006년도 광양-순천 분쟁사건, 2010년도 부산 강서-경남 진해 분쟁사건, 전북의 군산-김제-부안 분쟁사건 등이다. 이들 네 곳 모두가 국립지리정보원 발행 해상경계선으로 관할권이 분할 귀속됐다. 그리고 지방 자치법이 개정된 후 분쟁이 발생해 결론까지 난 곳은 새만금방조제 사건인데, 중앙분쟁조정위원회의 결론을 거쳐 대법원까지 간 사례이다.

중앙분쟁조정위원회는 2010년 10월 27일 해상경계선을 기준으로 결론을 냈는데 권고안이 있다. 내용은 "다만 향후 매립, 개발 추진 상황에 따라 일정단계에 주민편의와 행정효율을 더욱 높이는 방향으로 새만금 전체 구역에 대한 행정구역 재설정을 포함한 합리적 구역관리 체계를 검토 시행할 것을 정부에 권고하기로 했다."고 기록돼 있다. 해상경계선으로 결정하여 군산시의 손을 들어주었는데 향후 매립되는 토지의 용도 등을 봐서 김제 땅으로 할 것인지, 부안 땅으로 할 것인지 정하라는 권고안이다.

이에 대해 김제시와 부안군이 행안부장관을 상대로 대법원에 제소를 하여 2013년 결론이 났는데(대법원 2013.11.14.선고2010추73판결) 김제시와 부안군이 제소한 건이 각하되었다. 판결문을 보면 당진시가 무엇을 어떻게 준비를 해야 하는지 자세히 나와 있다. 그 내용 중 중요한 부분을 소개하면 "관할 결정을 할 경우 당해 매립사업의 총체적 추진계획, 매립지의 구역별 토지이용계획 및 용도, 항만의 조성과 이용계획 등을 종합적으로 고려하여 매립 예정지역의 전체적인 관할 구도의 틀을 감안한 관할 결정이 이루어지도록 하는 것이 합리적이라고 할 것이다."라고 판시하고 있다.

매립지가 속할 지방자치단체를 정함에 있어 고려하여야 할 관련 이익의 범위 등은 일반적으로 다음과 같은 사항을 포함하여야 한다고 예시하고 있다.

① 세부토지이용계획 및 인접 지역과 유기적 관계 고려

② 매립지와 인근 자치단체 관할 구역의 연결 형상, 거리, 도로, 하천 등 자연지형 인공구조물 등 고려

③ 도로, 항만, 전기, 수도, 통신 등 기반시설의 설치관리 행정서비스의 신속한 제고. 긴급 상황 대처능력 등 고려

④ 접근성들을 고려 거주주민의 입장에서 어느 관할로 편입이 되는 것이 주거생활이 편리한 것인지 고려

⑤ 매립으로 공유수면의 상실로 잃게 되는 경제적 이익을 감안

이를 보면 매립지역이 당진시와 해상을 넘어 떨어져있고, 경기도 평택시와는 연계되어 있어 주민 편의와 행정효율 측면에서는 상당히 불리하다고 보아야 한다. 그러면 중앙분쟁조정위원회와 대법원의 의견에 대하여 어떻게 충족을 시켜야 할지 많은 고민이 있어야 할 것이다. 경기도 서류를 보면 서부두 입주업체 종업원

에 대하여 설문 조사를 하였는데 모두 경기도로 편입되기를 원한다는 의견이다. 그래서 서부두 입주업체들로부터 당진시로 편입되기를 원한다는 의견서를 받아 행안부에 제출한 바 있다. 또한 서부두에 행정출장소를 설치하여 우편배달 등 편의를 제공하고 있고, 제설 서비스도 해주고 있다. 그러나 경기도 평택시는 입주업체 종업원 전원이 평택에서 살고 있는 만큼 서부두가 평택시에 편입이 되어야 한다는 주장이다.

그렇다면 당진시는 어떻게 해야 하는가. 서부두 입주업체에 대하여 불평이 없도록 최대의 행정서비스를 제공하여야 한다. 그래야만 언급된 주민편의, 행정효율의 사항을 뛰어 넘을 수가 있다. 예를 든다면 지금 설치되어 있는 출장소의 법적지위 부여, 소방출장소의 설치, 항만 운영에 불편이 없도록 행정 서비스 시스템 설치 등을 추진해야 한다. 그리고 지속적으로 입주업체 및 종업원의 불편사항이 있는지 세밀히 파악하여 대처하여야 한다. 앞으로 매립되는 내항은 신평과 내항 간 계획된 연륙교가 있어 문제될 것은 없다. 이 연륙교 계획은 당진시가 건의하여 반영된 것이 아니라 당초 국가 계획으로 반영이 된 것이다. 앞으로 이 연륙교 계획이 확실히 반영이 되어야만 주민편의와 행정효율을 확보할 수 있다.

또한 중앙분쟁조정위원회의 답변서를 철저히 준비하여야 한다. 그러기 위해서는 먼저 판례를 상세히 분석하여야 한다. 부산 신항만 북컨테이너기지의 사례를 살펴보면 많은 것을 배울 수 있다. 북컨테이너기지는 매립이 끝난 상태에서 경계선이 그어졌다. 해상이 아닌 상태에서 경계가 3개 선이 있었는데 가운데를 기준으로 설정이 되었다. 그리고 지방자치법 부칙 1조에 보면 현재에 계류 중인 사건은 헌재의 결정에 따른다고 돼 있어 헌재와 지방자치법의 관계를 유추할 수 있어 도움이 된다. 그리고 기존 서부두(당진땅)는 이번 쟁송 사건과는 무관하게 이미 당진 땅으로 되어 있으며, 이는 중앙분쟁위원회와 대법원과는 상관이 없다. 대법원 판례를 보면 해상도계분쟁의 경우 연접하여 매립한 경우는 연접한 지역의 관할로 귀속되도록 하고 있다.

서부두의 경우 평택과 연접하여 매립되지 않고 독립적으로 매립되어 다행히 당진 관할로 귀속되었지만 평택시와 연접하여 매립이 되었으면 평택땅이 되었을 것이다. 그러므로 지금 분쟁이 되고 있는 땅은 기존 서부두의 당진 땅과 연접하여 매립이 되었으므로 당연히 당진으로 귀속하여야 함이 마땅하다. 그리고 만약에 서부두를 양 자치단체 소속으로 나눈다면 대법원이 주장하는 "동일한 토지이용계획 구역이 2개 자치단체로 나뉘는 불합리가 존재한다."와 상반되므로 당진으로 귀속함이 마땅하다.

〈2015. 02. 14.〉

구만리

예산 삽교 산업단지에 산업용 가스 공급 협의차 수차례 다니는데 삽교 가기 전 도로 이정표에 '구만리' 표지가 보이기에 오랜만에 구만리를 찾아갔다. 구만리는 예산 땅이지만 나에게는 여러 추억이 있는 마을이다. 내가 김낙성 군수 비서실장을 할 때 홍수가 났는데 삽교천 구만리 제방이 이상하다고 해서 새벽에 내 차로 군수를 모시고 구만리에 갔다. 현장에서 보니 당장 큰일이 날 상황은 아니어서 되돌아 왔다. 군청 간부회의를 마치고 석문 방조제로 가는데 구만리 제방이 무너질 위기에 있다고 연락이 와서 바로 합덕 현지에 도착하였다. 도착해보니 합덕읍 부읍장과 주민들이 있었는데 멀리서 제방을 보니까 물이 하얗게 넘치는 모습이 보였다. 바로 현장에 들어가려니 주민들이 위험하다며 들어가지 말라고 만류하였다.

군수를 모시고 새벽에 현장에 갔을 때는 그래도 여유가 있었는데 몇 시간 후에 가보니 물이 넘쳐 제방 30㎝ 이상이 유실되고 있다. 이 상태로 한,두 시간 정도 되면 제방이 터져버려 합덕 우강 주택들이 물에 침수되고 농작물이 유실되는 대형 참사가 일어날게 분명하였다. 그렇다고 주민들을 동원할 시간적 여유도 없었고, 현장에는 구만리 주민 5~6명 정도만 있었을 뿐이다. 현지 주민들도 엄두가 나지 않으니 그저 구경만하며 발만 동동 구를 뿐이다. 제방은 금방 무너져 내릴 것 같았고, 시간적 여유가 없으니 조급한 심정은 이루 말 할 수 없다.

그래도 위기를 넘기게 해준 것은 2대대 군인들의 힘이다. 2대대 군인들을 수배하여 한 시간 뒤에 왔는데 60여 명이 1시간 정도 작업하니까 급한 대로 임시 마무리를 할 수 있다. 제방이 반 정도 유실된 곳도 있었는데 만에 하나 한 시간만 지체 됐다면 제방이 터져버렸을 것이다. 한참 작업하는데 구만리 반대 예산 쪽에서는 국수를 먹고 작업하자는 스피커 방송이 들려왔다. 예산 쪽 제방도 위험해 작업을 하고 있던 것이다. 결국은 구만리 쪽 제방은 유실이 되지 않았지만 신례원 쪽 제방이 무너져 농민들의 피해가 엄청 컸다. 그래서 주민들이 예산군청 회의실에서 솥을 걸어놓고 잠을 자면서 집회를 했는데, 주민들은 당진군수는 예산 땅에 와서 제방을 무너지지 않게 했는데 예산 군수는 현장에 나와 보지도 않았다고 며칠 간 농성을 했다.

구만리라는 어원은 이 포구에서 서울로 매년 쌀 구만 석을 보냈다는 뜻이 담겨 있단다.

내가 문화공보실장으로 발령을 받아 가보니 '문예의 전당' 이 예산이 없어 추진하기가 어려웠고 합덕수리 박물관이 예산이 없어 무자위 형태의 구조물만 지어놓고 수년째 방치되고 있었다. 그리고 공설운동장을 현대화해야 하는데 이 또한 예산이 없어 고전을 하고 있는 상태였다. 합덕수리 박물관은 당초 주민들과 협의한 명칭은 '합덕수리민속유물전시관' 이다. 자세히 얘기하자면 너무 길어 생략하고 문광부의 국비를 받기위해서 수리박물관으로 변경하였고, 국비를 받아 마무리할 수 있다.

'시공테크' 에 내부 공사를 맡겼는데 수리 박물관 경험이 없고,

직원들이 수리에 대하여 알지를 못하니까 진척이 되지 않았다. 도저히 시공테크에 맡겨서는 안 되겠다 싶어 문화재 팀 직원과 직접 뛰어 다니며 일처리를 했다. 수리박물관이니까 구만리 보에 대하여 연구를 해보자 하여 구만리에 가서 수소문 해보니까 구만리 보 작업 십장의 둘째 아들이 그 곳에서 살고 있었다. 그에게 구만리 보 막는 방법 등 여러 가지에 대하여 설명을 들었고, 그 내용을 박물관에 그대로 전시를 해 놓았다. 그리고 구만리 경로당에 가서 노인 분들에게 수리박물관 조성에 대하여 설명을 하고 구만리 보에 관하여 자료가 있으면 달라고 하였는데 구만포구 전경사진을 한 장 주셨다. 그런데 사진이 오래 되어 구김이 심해 잘 보이지 않았다. 사진을 빌려주면 우리가 작업을 해서 돌려주겠노라고 하고 빌려와서 공보팀 직원이 컴퓨터 작업을 해서, 대형으로 선명하게 인화를 하여 액자에 넣어 돌려 드렸다.

수리박물관을 개관하지도 않았는데 구만리 노인정에서 버스를 대절하여 궁금하다고 박물관을 찾아오셨다. 그리고 예산군청을 항의 방문해 "당진에서는 구만리 보에 대하여 박물관에 전시를 하는데 너희들은 무엇하냐"고 해서 결국은 예산 지원을 받아 '구만리지' 를 발간했다고 한다.

구만리 보 막는 광경을 합덕 수리박물관에 모형을 전시해 놓았는데 매년 가을에 합덕과 우강 주민들이 동원되는 대역사였다. 이렇듯 주민들의 힘으로 보를 막은 것은 구만리 보뿐만 아니라 금강보 등 여러 개가 있다.

어릴 적에 버스를 타고 구양도 다리 쪽으로 가면서 보면 들 전체가 바다처럼 보였다. 가을 겨울 내내 구만리 보의 물이 당진으로 와서 소들평야의 그 넓은 농토에 농사를 지었으니 그 혜택은 대단했다고 본다.

아래 첫번째 사진은 다리 위에서 구만리 하천 전경을 찍은 것이다. 제방 유실 사건이 있을 당시에는 이 다리가 없었다.

두번째 사진은 구만리 보에서 합덕 우강들로 물을 보냈던 아래 제방 사진이다.

구만리 보 몽리 구역을 표시한 지도인데 구만리 보가 합덕과 우강뿐만 아니라 신평 신송리까지도 왔다.

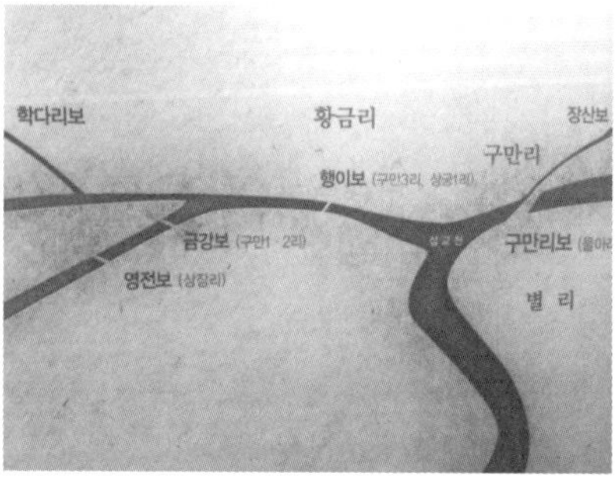

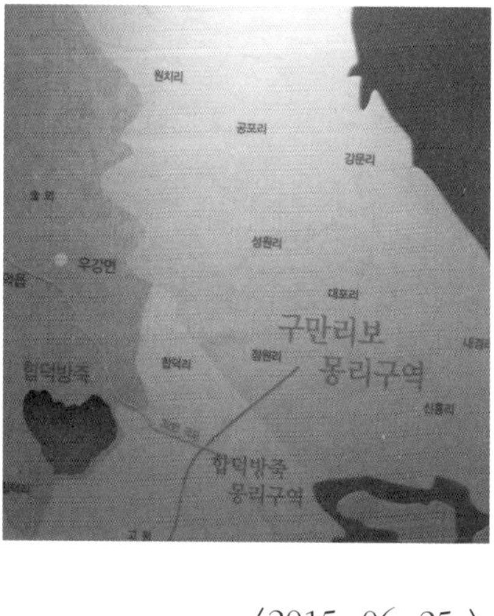

〈2015. 06. 25.〉

초딩 짝궁과의 만남

어제 12월 4일 대전 장례식장을 다녀왔다. 초딩 반창회 친구가 장인 상을 당해서 대전에 다녀왔는데 대전에 사는 한 여자 동창 친구가 와서 초등학교 졸업 후 처음 봤다. 반창회장이 이 친구를 찾으려고 무척이나 애를 썼는데 연락처를 아는 사람이 없어서 찾지를 못했다 한다. 그런데 어제 이야기 중 이 친구가 대전에 산다는 얘기를 듣고 전화를 해서 장례식장에 오라고 해서 처음 보게 됐다.

이 여자 친구가 와서 하는 얘기가 내 짝꿍이었단다. 나는 까맣게 잊고 있었는데 말이다. 그리고 내가 개구쟁이였다고 말한다. 난 그런 적 없는데 말이다. 약 40년이 넘어서 만나니 얼굴이 기억나는 것도 없고 그저 옛날 초딩시절 가물가물한 기억이 더듬어질 뿐이다. 책상에 금 그어놓고 넘어오면 싸우던 기억도 어렴풋이 생각난다. 남편이 대전에 직장을 다니고 있어서 대전에 오래전부터 살고 있단다. 문학에 관심과 자질이 있어 문학 쪽으로 일을 하는 것 같았다. 딸만 둘이라는데 모두들 자식 걱정들이다. 이 친구가 신평에 친척이 없어 올 기회가 없었는데도 일부러 신평에 와서 시장하고 초등학교를 가봤는데 옛날 그대로여서 놀랐단다.

그리고 이 친구하고 초딩 때 단짝이 부산에 사는데 전화를 연결해 주어 서로가 다정하게 대화하는 모습을 보고 참으로 인생이 빠르구나 하는 것을 느꼈고 사람 사는 정을 느껴 보았다. 초딩 때 단짝을 만나게 되어서 매우 기쁘단다. 부산에 사는 단짝은 몇 달 전 부산에 갔을 때 광안리 해변에서 부산친구와 셋이서 새벽 2시까지 주님을 모셨는데 남편이 러시아에 수출을 하는데 괜찮다는 이야기를 들었다. 살다보면 이렇게도 만나는구나 하고 생각했다. 색다른 경험을 하게 된 날이었고, 40여 년 전을 기억하게 한 잊히지 않을 날이다.

〈2015. 12. 05.〉

천리향

봄에 광양 매화축제를 다녀오면서 함양에 있는 최 참판댁을 방문했다. 최 참판댁 곳곳에 천리향을 심어놓았는데 그 향이 너무나 좋아서 2그루를 사와 집 앞에 심어놓았다. 그런데 3~4월에 피는 꽃이 초겨울에 피어 한 달 넘게 지지 않고 있다. 월동을 위한 보온을 해주어야 하는데 꽃이 있어 덮어주기가 애매해 망설이고 있다. 千里香은 향기가 천리를 간다고 하여 붙여진 이름이다. 이런 향기가 좋아 몸에 향수를 뿌리는 사람들이 많이 있다. 몸에서 은은한 향기가 나면 냄새를 맡는 사람도 기분이 나쁘지는 않지만 너무 강렬한 향기가 나면 왠지 이맛살이 찡그려진다.

사람이 살다보면 이러한 인공이 가미된 향기보다는, 사람의 향기가 그리워지게 된다. 꽃향기는 발이 없어도 10리를 가고, 사람 향기는 1만 리를 가고, 진리의 향기는 시공을 초월한다고 한다. 살면서 삶의 향기가 나는 사람을 보면 왠지 마음이 훈훈해지게 마련이다. 이러한 삶의 향기가 나는 사람들이 많아지는 사회가 되면 자연히 풍요로운 사회가 될 것이다. 현대인들은 외모, 직위, 권력 등을 사람의 평가 기준으로 삼는다. 사는 것도 집 평수를 보고, 가구가 어떤지, 인테리어는 어떤 것으로 했는지 등으로 평가한다. 그 사람이 인생을 어떻게 살아왔는지 삶의 향기가 나는지 안 나는지를 가리지 않는다. 사는 겉모습만 보고 잘사는지 못사는지를 가늠한다.

향기가 나는 삶을 찾기가 어려워지는 세상이고, 사람의 향기가 나는 세상이 좋다는 것을 느끼지 못하는 세상이 되고 있다. 내년에는 경제가 더 어려워질 전망이고 각박해지면서 향기가 나는 사람들이 줄어들 것 같다. 함께 있을 때 편하고, 항상 겸손하고, 따뜻한 마음을 가진 사람, 말보다는 행동으로 묵묵히 보여주는 향기가 나는 사람이 많이많이 나오는 세상이 되었으면 하는 바람을 가져본다. 오래전부터 카톡 화면에 "삶에 향기 나는 삶을 꿈꾸며"라고 저장해 놓고 항상 실천하려고 노력하고 있는데 그렇게 쉽게 실천이 안 되고 있다. 그래도 노력을 하다보면 실천은 되겠지 하면서 살아가고 있다.

〈2016. 12. 14.〉

백로

요즈음 날씨가 추워 집 앞 연못에 얼음이 얼었다. 얼음이 없을 때는 백로가 날아와 미꾸리 등 물고기를 잡아먹곤 했는데 얼음이 얼어 백로가 오지 않을 줄 알았다. 그런데 백로가 날아와 연못가에서 우두커니 서 있다. 아마도 고기를 잡아먹었던 기억을 떨칠 수가 없는 모양이다. 백로가 서있는 모습을 보니 측은하다. 예전에 연못을 만들어 놓고 미꾸리, 우렁을 넣어서 기르고 있는데 백로에게만 좋은 일을 하고 있는 것 같다. 당초 연못을 만든 이유는 밭이 농사짓기에는 너무 넓어서 밭 일부에 연못을 만들어 연꽃을 심어 눈요기를 하고 미꾸리 등을 길러 잡아먹으려 했다.

계획은 말 그대로 계획이고 현실은 달랐다. 내가 기르던 물고기가 모두 백로의 먹이가 되었다. 백로가 나 먹을 양도 남겨놓지 않고 전부다 먹어치울 요량이다. 백로는 먹이에 욕심이 많다고 한다. 식욕이 너무 왕성하여 목구멍이 가득 찰 때까지 먹고, 너무 많이 먹으면 왈칵 토해낸다고 한다. 백로는 다른 생각을 하지 않고 물고기 잡는 일에만 온통 마음이 쏠려있다. 그러니까 얼음이 얼었는데도 와서 먹을 것만 생각하고 연못 주변에서 서있다. 주인 몫도 남겨 놓고 먹어야 하는데 욕심이 많다.

백로는 겉 색깔이 하얘서 예로부터 고고한 선비를 연상케 했고, 뭇 시인들로부터 사랑을 받았다.

까마귀 싸우는 곳에 백로야 가지마라
성낸 까마귀 너의 흰빛을 새오나니
청강에 씻은 몸을 더럽힐까 하노라

그런 반면에 겉과 속이 다른 사람으로 비유되기도 한다. 사람 사는 세상은 예나 지금이나 같은 모양이다. 조선 세종 때 영의정을 지낸 조선 개국공신 이직의 백로 시이다.

까마귀 검다하고 백로야 웃지마라
겉이 검은들 속조차 검을 소냐
겉 희고 속 검을 손 너뿐인가 하노라

穿雪野中去 눈을 뚫고 들판길을 걸어가노라
不須胡亂行 어지럽게 함부로 걷지를 마라
今朝我行跡 오늘 내가 밟고 간 이 발자국이
遂作後人程 뒷 사람이 밟고 갈 길이 될 테니

백로 이양연의 시이다. 백범 김구 선생이 가장 좋아 했던 시란다. 이양연도 백로처럼 살고 싶어서 호를 백로라고 지었을 것이다. 요즘 같이 어지러운 정국에 알맞은 시 같다. 우리나라 지도층이 이런 자세로 살아간다면 나라가 이지경이 되지는 않았을 텐데 말이다.

〈2017. 02. 11.〉

어느 누님

내가 아는 누님이 있는데 나이에 비해서 너무 현명하게 살고 있다. 많은 분들을 만나 보았고 이야기를 들어 보았지만 이 분처럼 사시는 분은 처음이다. 더구나 도시도 아니고 시골에서 이렇게 사시는 분이 있어 소개해 본다.

근자에 유방암 수술을 했는데, 오랜만에 만나서 식사를 여럿이 같이 했다. 유방암이 다행히 초기여서 순조롭게 항암 수술도 잘 마무리 되었단다. 초기라도 항암치료는 제대로 해야 하기 때문에 심적 고생은 많이 하신 것 같았다. 평소에 건강하신 편이었는데 갑자기 암에 걸려 충격이 컸을 것이라고 생각된다. 식사하면서 항암치료가 몇 개월이었지만 심적 고생했던 이야기를 들었는데, 이야기 중에 내게 "동생, 나 돈 벌었어."라고 하시는데 예전에 보험을 몇 개 가입해서 보험금이 1억 원 넘었단다. 예정에 없던 큰 돈이 들어와서 고민하다가 큰아들 통장으로 1억을 넣어주었더니 바로 휴대폰 알림벨이 울려 확인해보니까 큰아들이 다시 누님 통장으로 돈을 입금했단다. 그래서 작은 아들에게 입금했는데 작은 아들도 바로 다시 누님 통장에 입금 시키더란다. 그래서 돈을 쓸 데도 없고 해서 땅을 샀단다. 그러면서 돈 벌었다고 하는 것이다.

평소에 누님은 며느리에게 돈이 없을 것 같으면 100만 원, 200만 원씩 준단다. 필요하면 1000만 원도 준단다. 그런데 재산을 물려주는 것은 아니었다. 본인이 필요한 것이 있어 며느리에게 부탁하면 득달같이 사온단다. 수시로 며느리에게 돈을 주니까 어느 며느리가 어찌 말을 듣지 않겠는가. 우리 주변 사람들을 보면 대부분 자식들에게 재산을 물려준다. 부모가 갖고 있던 재산을 자식들에게 주는 것이 일반화 돼있다. 누님처럼 필요할 때마다 현금으로 주는 가정은 극히 드물다. 얼마나 현명한가? 누님에게 그런 이야기를 듣고, 내 마음 속에서 감탄사가 절로 나왔다. 우리가 배워야 할 삶의 지혜이다.

각 가정을 보면 자식들에게 재산을 물려주면 물려받을 때 잠시 뿐이고, 다음부터는 당연히 자기들 재산이 되었으니까 부모 재산으로 보지 않는다. 그리고 받은 재산만큼 부모를 대하지 않는다. 주변을 보면 남은 부모 재산을 더 가져가려고 혈안이 되어있는 것이 오늘 날의 실정이다. 자식들에게 재산으로 주지 않고 누님처럼 현금으로 준다면 자식들이 어떻게 할까.

내가 아는 집에 큰아들이 있는데 부모가 돈을 벌어 논을 사면 항상 큰아들 명의로 이전을 해주었다. 그 논을 팔면 10억 원이 넘을 것이다. 부모가 나이가 많으니까 큰아들이 한 달에 한두 번 집에 와서 일을 거들어 주는데 며느리와 손자 손녀가 온 것을 한 번도 본 적이 없다. 그저 큰아들만 다녀갈 뿐이다. 해가 떨어져서 앞이 안 보여야 집에 들어갈 정도로 일을 하시는 분들이다. 하도 고생을 해서 큰아들에게 부모님이 너무 고생하시는데 농사일 좀 줄여야 하는 게 아니냐고 하니까 큰아들이 나에게 하는 말이 "부모님 돌아가시면 팔아야지 뭐"라고 했다. 부모님은 평생 잘 먹지도 못하고 살면서 자식 재산만 부풀려 주고 살았는데 자식들에게 대우도 받지 못한다. 부모들이 못 배우고 방법을 모르니 이런 모습이다. 〈2017. 3. 01.〉

초딩 나들이

지난 주에 초딩 동창회 나들이로 통영을 다녀왔다. 작년 말 모임 때 여자 동창들이 봄 소풍을 다녀오자고 적극 얘기하여 22명이 버스를 대절하여 통영을 다녀왔는데 역시 나이 먹으면 여성이 남성화 되고 남성이 여성화 된다더니 말은 사실이었다. 남자들이 좀 어려움이 있었지만 재미있게 다녀왔다. 확실히 초딩 동창들은 서로가 격식이 없어 좋다. 그리고 우리 나이 쯤 되면 인생에서 산전수전 다 겪은 정도의 나이라고 생각이 든다. 버스 안에서 또 다니면서 각자의 인생 고전을 듣다보니 시간이 어떻게 가는 줄도 몰랐다. 한 여자동창이 남편하고 싸운 얘기를 너무나 구수하게 해 얼마나 웃었던지…….

각자마다 인생을 살면서 별의별 사연이 얼마나 많았겠는가. 굴곡 없이 산 친구는 없으리라. 머리가 하얗게 되어버린 친구들이 생겨나고 할머니 할아버지가 된 친구들이 많아지는 나이이다. 친구들하고 초등학교 운동장에서 줄넘기, 오징어 찡하고 놀던 때가 엊그제 같은데, 인생무상이라는 말이 느껴지는 나이이다. 그래서 더 늙기 전에 행복하게 살아보자는 나이이기도 하다.

요즈음 '욜로 라이프' 라는 말이 뜨고 있다. 미국에서 시작된 유행어로 한번뿐인 인생이라는 뜻이다(You Only Live Once). 시각을 현재에 두고, 행복을 추구하는 라이프스타일로 후회 없이 살자는 의미일 것이다. 우리보다 나이가 더 드신 분들은 내가 어렵게 살았기 때문에 내 자식들은 잘 살아야 한다고 평생을 자식들을 위해서 살았지만, 정작 자기들의 행복을 위해 사시지 못했다. 그러나 시대가 변하여 인생관도 빠르게 변화하고 있고, 요즈음 젊은이들은 1년에도 해외에 몇 번씩 다녀오는 등 자기를 위해 과감하게 투자하고 있다.

수류운공(水流雲空)이란 말이 있다. 흐르는 물과 하늘에 뜬 구름처럼 세월이 흔적 없이 지나가 버리고 있다는 말로 인생의 덧없음을 표현한다. 우리 나이가 인생무상을 느낄 수 있는 정도가 되었기 때문에, 더 늙기 전에 조금이라도 더 행복을 느껴보고 싶은 욕망이 있을 것이다. 친구들아! 더 늙기 전에 YOLO LIFE를 마음껏 느끼며 살자구나!

〈2017. 04. 26.〉

초딩 반창회

올해 초등학교 반창회 모임은 삽교호 관광지에서 1박2일로 했다. 작년에는 부산에 1박2일로 다녀왔는데 금년에는 고향에서 하자는 의견이 지배적이어서 삽교호에서 토요일 점심을 하고 체육공원에서 운동을 하는 등 1박2일로 추진했다. 30여 명이 참석했고, 멀리 부산에서도 2명이 왔고, 춘천에서도 달려와서 친구들의 우정을 과시했다. 인생에서 태어나 가장 가깝게 지내는 사람은 첫 번째 가족이고 다음으로는 친구라고 생각한다. 그리고 반창회 친구들은 살면서 선택의 자유에서 생긴 친구가 아니고, 필연적인 인연의 친구들이다. 그래서 바꿀 수도 없다.

사회 친구야 사귀다 싫으면 바꿀 수도 있지만 동창회나 반창회 친구들은 바꿀 수도 없다. 친구들이 싫으면 동창회나 반창회에 나오지 않는 것이 유일한 방법이다. 그러나 인생을 살면서 어릴 적 소꿉동무 친구들을 어떻게 버릴 수 있는가. 친구(親舊)는 말 그대로 오랫동안 친하게 지내는 사이이다. 우리가 초등학교를 졸업한 지도 수십 년이 지났지만 옛 동심을 되새기면서 어울리다 보면 몸의 나이는 먹었어도 마음은 초딩시절로 되돌아 간 것 같은 착각을 한다. 동창회나 반창회는 무슨 목적이 있어서 만나는 것이 아니라 그 만남 자체가 좋고 동심의 세계로 가기 때문에 좋은 것이다. 그래서 초딩의 만남은 좋다. 〈2017. 06. 05.〉

연호 방죽

연호지 둘레길 걷기 행사가 합덕수리민속박물관 광장에서 있었다. 연호방죽을 한 바퀴 도는 동안 옛날 일이 주마등처럼 떠올랐다. 문화공보실장으로 발령을 받아 부임을 했는데 합덕수리민속박물관이 합덕수리민속유물전시관이란 이름으로 무자위 형태의 구조물만 서있는 채로 수년간 방치되고 있었다. 이야기인즉 청와대 모 비서실장이 사시 같은 동기인 당진 출신의 모 지검장에게 고향에 하고 싶은 일을 해보라고 해서 특별교부세 5억 원을 받아서 지역 주민의 뜻에 의해 수리유물전시관을 건립하려고 하던 중 기둥만 세워놓고 사업비가 없어 수년간 추진을 하지 못하고 있는 상황이었다.

문화공보실로 자리를 옮긴 후 이 일을 어떻게 해결해야 할 것인지 고민했지만 해결할 방법이 없었다. 그때부터 문화관광부를 두드리기 시작했다. 수리민속박물관은 담당 사무관과 점심식사를 하고 둘이 경복궁을 한 시간 정도 산책을 하면서 이런 얘기 저런 얘기를 나누는 것부터 시작했다. 중앙부처 공무원들은 국가업무만 다루니 예산을 확보하는데 별 어려움이 없지만 지방공무원들은 지방세 규모가 빈약하여 사업비를 확보할 수가 없으며 국비의 지원이 없으면 도저히 사업을 할 수가 없다는 점을 구체적으로 설명해주었다. 그게 제대로 먹혀들어 담당 사무관이 “그렇게 어려우냐?" 면서 7억 원의 국비를 주었다. 그러면서 수리민속유물 전시관이란 이름으로 사업을 추진하면 국비를 지원할 수가 없으니 박물관으로 명칭을 변경하라고 코치를 해주었다.

명칭을 박물관으로 하면 국비를 지원해 줄 수 있다는 것이었다. 아무튼 그때 담당 사무관의 전폭적인 지원으로 합덕수리민속박물관 건립을 마무리할 수 있었다. 합덕수리민속박물관 내부 공사를 박물관 시공 1위 업체인 시공테크에서 맡아서 하는데, 시공테크 직원 중에 수리에 대하여 아는 직원들이 없어 사업을 추진하는데 애로가 많았다. 그 이야기를 하면 지면상 너무 길고, 결국은 담당 남광현 직원하고 내가 직접 발로 뛰면서 완성을 하였다.

문예의 전당 건립도 문광부에서 국비지원을 받고 의회 의원들을 쫓아 다니며 설득을 하여 마무리할 수 있었다. 다만 아쉬운 것은 이동식 무대를 설치하는데 예산이 없어 리어(rear)까지 못한 것이 지금도 아쉽다. 연호방죽 복원은 문화공보실장 때 토지구입비를 예산에 수립하고 토지를 매입하려고 그렇게 노력을 했는데도 매입을 못해 추진을 못하고 있었다. 그런데 합덕의 모 인사와 식사를 하던 중 토지 매입을 하지 못한다는 이야기를 했더니 그 분이 합덕의 발전을 위하여 한 번 해보겠다며 이후 사비를 쓰면서 토지주 등을 설득하여 7만여 평의 토지를 매입할 수 있게 되었다.

지금은 합덕에 살지 않고 있지만 그분의 노력에 찬사를 보내는 바이다. 그 분이 없었으면 지금의 토지 매입은 없었고 연호방죽의 복원은 없었다. 지금도 가끔 그분을 만나서 식사를 하는데 아쉬움이 많다는 이야기를 하신다. 합덕수리민속박물관과 연계한 연호방죽을 어떻게 하느냐를 가지고 많은 고민을 했다. 김제 벽골제를 가서 담당 소장하고 5시간 동안 대화를 나누어 보았고, 무안 일로

읍의 10만 평 회산백련지와 부여 궁남지를 돌아보기도 했다.

다른 지역의 수리박물관과 차별화를 해야 관광객을 유치할 수 있다는 판단이 들어 체험장을 만들자는 결론을 냈다.

수리박물관 아래쪽으로 농사 짓고 수확을 하는 체험장을 500m 정도 만들고 그 아래에 연호방죽 물을 대 체험장과 물 수면의 높이 차이를 약 30㎝ 정도를 두자고 했다. 어린아이들이 앉아서 물장구를 칠 수 있을 정도로 하면 체험장과 연호방죽을 연계할 수 있고, 연호 방죽에 나룻배를 띄워서 관광객들이 나룻배로 연꽃 사이로 노를 저어 다니면서 연꽃을 가까이서 구경하게 하면 다른 곳에서는 구경할 수 없는 전국 제일의 연호방죽으로 성장할 수 있다는 결론이었다. 전국에 나룻배가 연꽃 사이로 다니는 곳은 없다.

그런데 지금 연호 방죽을 복원한 것을 보면 너무나도 허망하다는 느낌이 든다. 연꽃은 없어지고 부들 밭이 되어 버렸기 때문이다. 연호 방죽은 물의 깊이가 최하 1.5m나 2m정도가 되어야 잡풀이 자라지 않는다. 지금의 연호 방죽은 예산 낭비였으며 실패작이다. 너무나 한심한 일을 해버렸다. 전남 무안 일로읍 회산백련지를 가다보면 논에 연꽃을 심어 연근을 수확하는 곳이 있다. 복원된 연호방죽은 깊이가 너무 얕아 잡풀만 무성한 상태이다. 지금 연호방죽을 복원한 것은 연근을 수확하는 것 같아 보인다. 행정은 한 번 해버리면 되돌리기가 쉽지 않다.

〈2017. 06. 19.〉

난지도 앞의 섬들

삼길포 뒷산에 올라 난지도 쪽의 섬을 보니 한 폭의 그림 같았다. 전경을 보면 아름다워 보이는데 예전에 공직자 신분일 때는 난지도를 드나들면서도 경치가 아름답다고 느껴본 적이 거의 없었다. 행정을 하면서 난지도에는 수없이 다녔다. 대난지도에는 관광 업무를 보면서 해수욕장 불법 건물 철거관련, 난지도 관광지 계획 수립을 위해 다녔다. 또 관광지에 물이 모자라 물 대책 관련하여 수차례, 청소년 수련원과 관련하여 수차례 다녔다. 소난지도에는 의병총과 관련하여 수차례 다녀온 적이 있었다. 업무상 난지도를 다녔으니 업무에 치여서 경치가 눈에 들어오지 않았나 보다.

가장 기억에 남는 것은 난지도 관광지에서 지하수를 쓰는데 물이 모자라 공중화장실을 쓰지 못한 적이 있었고 샤워를 할 수도 없었다. 물 저장 탱크를 설치하고 용못을 준설하여 그 물을 사용하기도 했다. 그런데 상가에서 공용 수도의 파이프를 상가 수도와 연결 도수하여 물을 사용하는데 필요할 때만 쓰는 것이 아니고 하루 종일 물을 틀어놓고 쓰는 것을 보고 다툰 적도 있었다. 2층까지 불법 건물을 짓는 것을 철거를 하러 갔는데 주민들이 막말을 거칠게 하며 위협해 가까스로 철거를 한 적도 있었다.

소난지도에서 매년 의병총 행사를 개최하는데 100여 명 의병들이 일본 헌병에 의해 사살 당했다는 사건이 구전으로만 전해져 올 뿐 근거는 없었다.

30여 년간 의병총 행사만 했지 누구하나 그게 사실인지 조사도 해보지 않았다. 문화공보실장 보직을 맡으면서 조사 용역비 3000만 원을 요청했더니 기획실에서 1000만 원만 예산을 세워줬다. 용역을 진행하기 어렵다는 생각을 했는데 다행히 충남대 김상기 교수가 용역을 수행해 주어 문서를 찾을 수가 있었다.

홍성에 있던 일본 헌병들이 소난지도를 습격하여 의병들을 사살하고 총독부에 1차보고, 2차보고, 3차보고 한 문서를 찾았고 보훈처에서 사업비를 마련해주어 충남대에서 보고회를 개최한 바 있다. 1000만 원 가지고는 인건비도 감당할 수 없어 책자 인쇄비는 문화공보실 수용비로 해결했던 기억이 난다.

소난지도는 해상교통의 요충지였다. 조선시대 전라도에서 조세미를 싣고 한양 마포 경창으로 가려면 소난지도에서 정박해 쉬고 갔다. 이들 배가 다시 전라도로 가려면 역시 소난지도에서 정박해 쉬어 가곤 했단다. 소난지도 앞 바다에는 항상 200여 척의 배가 있었다고 한다. 소난지도가 경기도, 당진, 서산, 홍성의 의병들이 배로 이동하여 일본군을 습격하고 도망하기가 쉬운 곳이어서 일제 군인들이 이곳을 급습했던 것이다.

〈2017. 06. 27.〉

추억 속의 사진 한 장

추석 명절 전에 신평면 주민자치회에서 가을 콘서트를 개최하였는데 신평의 옛사진 전시장에 내가 있는 모습이 있어 촬영해 왔다. 신평면장 시절 인데 대전지방국토관리청 시행으로 삽교천 신당제 개수공사를 하는데 수문 문제로 공사 사무실을 방문하여 협의를 하는 사진이었다. 벌써 약 17년 전의 일이다. 참으로 세월이 빠르다. 신평면장을 하던 시절이 엊그제 같은데 퇴직을 했으니 말이다. 면장을 2년간 했었는데 고향이라 좋은 점도 있었지만 어려운 점도 많았다.

고향이라 아시는 분들이 많아 좋았지만 어르신들 앞이라 행동에 어려움이 많았다. 그리고 오전 오후 출장을 많이 다니다 보니 술을 많이 마시게 되고 저녁에도 항상 늦게 퇴근하다보니 2년이 지날 때는 간 수치가 400이 넘을 정도였다. 무엇보다 술 때문에 힘든 시절이었다. 아래 사진은 대전지방국토관리청이 신당제 방수제 개수 공사를 하는 현장 사무실의 모습이다. 신당제 개수 공사를 하면서 수문이 당초에는 사람의 손으로 돌려서 개폐하는 방식으로 설계가 되어 있었다. 그것을 최초로 전동식으로 개폐하도록 대전지방국토관리청을 설득하여 전동식으로 설치를 했다.

1999년도 인지는 확실히 모르지만 면장시절 폭우가 쏟아지는데 신평면 상오리 앞 평야에서 남원천으로 나가는 수문이 닫혀있어 들판 논에 물이 계속 차오르고 있었다. 수로의 수문은 농어촌공사에서 관리하는데 직접 할 수 없으니까 수감을 두어 책임제로 관리하고 있다. 그런데 수감이 어디로 갔는지 나오지 않아 수문을 열지 못하여 침수가 계속되고 있는 상황이었다. 현장에서 해결할 방법이 없어 농어촌공사에 전화를 걸어 빨리 와서 수문을 열어달라고 하니까 직원이 하는 말이 안 된다는 것이었다. 수감이 없으면 당신들이 나와서 해야 하지 않느냐 하고 언성을 높여가며 싸웠으나 해결을 하지 못한 사실이 있다.

그 일이 있은 뒤로 신당제 공사가 있었는데 공사 현장 사무실을 방문해서 수문을 어떻게 놓을 것인지를 감독관에게 물어보니까 다른 수문과 같이 사람이 돌리는 방식으로 설계로 했고 여기서는 이를 바꿀 수도 없다는 답변이었다. 그래서 대전지방국토관리청을 방문하여 공사과장을 만났다. 과장은 "면장님이 여기까지 오셨느냐"며 정중히 맞아주었다. 아마 면장 신분으로 국토관리청을 방문한 것은 내가 처음인 듯 했다. 담당 과장에게 수문설계를 다시 하여 달라고 건의를 했다. 수감들이 비 오고 번개 치는데 누가 현장에 가려고 하겠느냐며 아예 전 수문을 전동으로 해달라고 하였다.

비가 오면 농어촌공사 상황실에서 CCTV로 보면서 당진의 수문을 전동으로 올렸다 내렸다 하면 될 것 아니냐 하면서 앞으로는 그렇게 해 주시고 우선 신당제 수문부터 전동으로 설치해 달라고 했다. 농어촌공사 삽교호관리사무소에서 CCTV로 보고 하면 쉬울 것 아니냐고 건의 하니까 과장은 안 된다고 답변했다. 내가 언성을 높여가며 이야기를 이어가니 그 과장은 전국에 그런 곳이 있으면 얘기해라 그런 사례가 있으면 해주겠다는 것이다.

그래서 나와의 언쟁이 더 가열되었다. 그런 사례가 없으면 대전 지방국토관리청에서 만들면 되지 않느냐 하는 것이 나의 주장이었고, 과장은 사례가 없으니 어렵다는 답변이었다.

한 시간 이상 언쟁 끝에 합의를 본 것은 농어촌공사 사무실하고는 연결이 어려우니 수문만 자동으로 해주겠다는 답변이어서 수긍을 했다. 그래서 처음으로 인력을 이용한 개폐기가 아닌 버튼 작동 자동 개폐기가 설치되게 되었다. 전시장의 사진 한 장이 17년 전의 추억을 더듬게 하는 소중한 계기가 되었다.

〈2017. 10. 12.〉

석문면 문화스포츠센터 개관

석문면 문화스포츠센터 개관식이 있었다. 시청 지역경제과장 때 발전소 지원사업으로 땅을 구입한지 약 10여년 만에 준공식을 갖게 됐다. 그래서 그런지 감회가 남달랐다. 발전소 주변지역지원법률에 따라 발전소 주변지역에 지원금이 나오는데 보통 마을별로 배분을 받아 마을에서 사업을 하고 있다.

90년대 초반 공업계장으로 재직 때 지원사업 업무를 맡은 적이 있었고, 과장 때도 업무를 보았으니 석문과는 인연이 깊다.

공업계장 때 발전소 주변지역 지원 사업을 어떻게 해야 하나를 놓고 고민을 많이 했었다. 전국 발전소가 있는 지자체들을 대상으로 어떻게 지원 사업을 집행하는지 파악해보면 어떤 기준도 없이 지역마다 그냥 주먹구구식으로 집행을 하고 있었다. 그래서 그 당시 화력발전소 중 제일 큰 삼천포화력과 원자력에서 제일 큰 고리원자력 지원사업을 담당하고 있는 삼천포시와 양산시 동부사업소를 방문한 적이 있다. 벤치마킹을 하려고 방문을 했지만 마을별 지원 기준이나 방법은 없었고, 그때그때 주민들과 협의하여 집행을 하고 있었다.

양 지자체 담당 공무원들의 이야기로는 이 업무로 인해서 스트레스를 많이 받고 있으며, 주민들은 자기들 돈으로 알고 현찰로 그냥 달라는 식이어서 집행하기가 어렵다는 이야기였다. 지원금이 매년 지속적으로 나오는데 일정 기준과 계획이 없으면 주민들의 갈등을 유발하고 지역의 계획된 발전을 기대할 수 없기 때문에 장기발전계획을 수립하기로 마음을 먹었다. 용역비를 반영하여 업체를 구해 봐도 발전소 주변 지역 발전 계획 용역은 전국 처음이기 때문에 용역을 맡아 줄 업체가 없었다. 그래서 농어촌공사에 의뢰하여 수의계약을 체결하게 되었는데 전국 처음이니까 어떻게 수행을 해야 하나 난감해 하고 추진을 하지 못하고 있었다.

사업추진이 안 되어 용역 수행 방법을 용역팀에 제시하여 풀었는데 주민 공청회를 2번 한 다음 마무리하여 그 책자를 지식경제부와 한전 본사에 보냈고, 수안보에서 매년 개최하는 발전소 주변지역 지자체 담당 계장 수련회 때에 사례발표를 하였다. 발전소 주변 지역에 대한 장기발전계획 수립은 전국 처음이었기 때문에 지식경제부와 한전에서 관심이 많았다. 결국 당진군의 사례로 인하여 발전소 주변 지역 지원 법률 조항이 바뀌게 되었다.

그리고 지역경제과장으로 부임을 하여 다시 발전소 주변 지역 지원 업무를 보면서 석문 이장들을 설득하여 매년 마을로 쪼개어 가던 사업비를 전국 처음으로 면 전체 사업비로 변경해 추진하게 되었다. 마을로 15년 이상 가져갔지만 마을로만 가져가지 말고 석문면 전체의 면 사업을 한번 해야 석문이 발전하는 것 아니냐고 설득을 하였다. 그 결과 석문면 교육문화 스포츠센터 부지를 매입하게 되었고 시비를 받아 건축을 준공하기에 이르렀다. 준공식에 참여하면서 옛일이 생각났는데 당시 협조해 주었던 이장들 중 한 분만 계셔서 아쉬움이 컸다.

〈2017. 11. 20.〉

불우이웃돕기 성금 모금

당진시청에서 개최된 희망 2018 나눔 캠페인 행사에 다녀왔다. 매년 불우이웃돕기 성금 모금을 위해서 캠페인을 하는데 모금액수보다 사회복지모금공동회에서 지원받는 금액이 더 많다. 작년에는 현금과 현물 포함 14억 1300만 원이 모금되었는데 지원 받은 금액은 20억 원 이었다. 예전에 행정을 하면서 불우이웃돕기 성금 기탁하는 분들을 보면서 재산이 있는 분들도 참여를 하지만 그렇지 않은 분들이 많이 참여를 하는 것을 보고 감명을 받은 적이 있었다.

유럽을 가보면 시청 현관에 시에 재산을 헌납한 분들의 명단이 동판으로 전시되어 있다. 아마도 선진국은 기부 문화가 정착되어 있어 자연스럽게 재산도 기부하는가 보다. 우리나라는 예전에 못 먹고 못 살아서 우리 자식만큼은 잘 살아야 한다는 문화가 뿌리 내려서 그런지 아직까지는 기부문화가 정착되기는 어려운 모습이다. 지금도 시골을 보면 평생을 쉬어본 적이 없이 일해서 모든 재산을 자식들에게 물려주는 분들이 대부분이다. 지금까지 그런 문화가 시골의 미덕으로 내려오고 있다. 그렇지만 기부 문화도 많이 바뀌어가고 있다. 당진의 경우도 목표액보다 항상 불우이웃돕기 성금이 더 걷히고 있다. 고무적인 일이다. 행사 날 하루에 약 7000만 원의 성금이 답지했다고 한다.

나도 공무원일 때는 기본적인 성금만 냈었는데, 사업을 하면서 불우이웃돕기 성금을 어떻게 낼까 하고 고민을 많이 하기 시작했다. 불우이웃돕기 성금은 내 자신의 의지에 따라 내는 것이기 때문에 나 자신과의 약속이나 다름없다. 내 경우 스스로 다짐하기를 1년에 200만 원 이상 내기로 했다. 그래서 실천하고자 노력을 했지만 현실은 그렇게 쉽지 않았다. 매년 100만 원씩 내고 있고 올해도 마찬가지이다. 나 자신과의 약속을 실천하지 못했다. 내년에는 약속을 실천하겠다고 다시 한 번 다짐을 해본다.

〈2017. 12. 09.〉

LNG 5기지 건설에 대하여

LNG 제 5기지 우선협상 대상자가 당진시로 지정되어있다. 제5 LNG생산지기 사업개요는 △시설규모는 20만 ㎘급 저장탱크 10기와 항만시설 1선좌 △사업기간은 2019년~2031년까지이며 단계별로 25년까지 탱크4기, 27년 3기, 29년 2기, 31년 2기 △사업비는 약 3조 3천억 원 △부지면적은 약 30만 평 △입지조사는 포스코 건설이 2016년 4월부터 2017년 6월까지 전국 17개소를 조사 10개소를 선정했고, 협상대상후보지 5개소를 선정했다.

5개 후보지는 ①당진 석문국가산업단지 ②보령 영보일반산업단지 ③포항 영일만 항만부지 ④옹진 영흥화력 남측해상 ⑤여수 묘도 항만재개발부지였다. 2017년 9월 이들 5개 후보지 가운데 우선협상 대상지로 석문국가산업단지가 선정됐다. 향후 일정은 △주민설명회 및 유치동의서 접수가 2017년 12월 26일부터 2018년 1월 20일까지 △5기지 최종 확정일은 2018년 2월이다. 이후 △기획재정부 예비타당성 조사를 거쳐 △제5생산기지 기본계획 수립이 2019년 6월까지 △제5생산기지 건설공사가 2019년 7월부터 2031년 12월까지 △1단계 준공은 2025년 말까지 이다.

이와 같은 절차를 거쳐 5기지가 석문산업단지에 입지하려 하고 있다. 그래서 2017년 12월 21일 당진시청에서 토론회가 열렸었는데 큰 아쉬움을 남겼다. 내가 시 경제산업국장을 맡았을 때 석문면 주민들과 5기지 건설에 따른 견학을 강원도 삼척 4기지로 다녀온 경험이 있다. 그 당시 한국가스공사가 발표한 5기지 대상지 조건을 살펴보면 석문단지가 가장 적합하다. 석문단지가 아닌 다른 곳에 건설하게 되면 주변 환경이라든지 미관상 문제가 있다고 한다. 석문국가산업단지가 최적이라는 여론이다. 미관상의 이유 외에 석문국가부두의 개발 가능성이 있다는 점도 호재가 된다. 당초 정부의 국가항만개발계획에 석문지구 항만시설이 계획되어 있다가 비용의 문제점 등으로 제외되었다. 당진의 항만시설은 현대제철과 동부제철의 전용부두만 운영되고 있는 실정이다. 공용부두가 없을 뿐 아니라 크린카고가 아닌 더티카고로 운영되고 있다는 점도 문제이다.

인근 평택항과 대산항의 경우, 컨테이너 기지가 있고, 여객 터미널이 있어 지역경제에 큰 역할을 하고 있다. 당진항만 공용부두가 없어 샌드위치 신세가 되고 있다. 석문국가산업단지 앞에서 평택당진항 항로까지 거리는 약 11㎞정도 된다. 국가항만을 건설하려면 11㎞의 항로를 준설해야 하고, 그에 따른 어업보상을 해주어야 한다. 그래서 당초 국가항만계획에 들어갔다가 제외된 경험이 있다. 2012년 하반기에 강원도 삼척 4기지를 석문면 주민들과 같이 견학을 다녀온 이유도 석문국가부두를 염두에 두었기 때문이었다. 당초에는 석문면민들이 반대하였으나, 4기지를 다녀온 후에 석문국가산단에 5기지를 유치하기로 합의를 하였다. 5기지를 유치하게 되면 한국가스공사가 어업 보상을 다 해주어야 하고 최소 10만 톤급 이상의 배가 드나들 수 있는 항로를 준설해야 하기 때문이었다.

2012년도 이후로 추진을 하지 못한 이유는 내가 2013년도 의회

사무국장으로 발령을 받아 더 이상 추진을 할 수 없었기 때문이다. 공직을 떠난 후 지방선거에 출마하면서 더 이상 추진을 할 수 없었다. 지금이라도 추진한다면 다행이라고 생각한다. 또한 합덕역에서 아산산단(고대 · 부곡산단) 석문산단까지 제3차 국가철도망 구축계획안이 확정되어(2016~ 2025년)있다. 합덕역에서 고대 · 부곡산단, 현대제철, 석문국가산업단지, 석문국가부두까지 연결되는 철도를 이용한다면 석문국가부두의 발전 가능성은 커지고 당진 지역경제에 미칠 파급효과가 무궁무진하다고 봐야할 것이다.

토론회에 참석한 숭실대 경제학과 온기운 교수가 '석문부두 개발 구상 실현 가능성 증가' 라는 내용을 제시하였다. 온 교수가 제시한 내용에도 제5기지 입지 시 당진시 석문지구 항만시설 개발사업비 절감으로 실현 가능성이 증가되고 있다고 설명했다. 또 준설토를 활용하여 항만 예정지에 투기장을 지정하는 방안도 제시하였다. 가스공사보다는 국가부두를 유치하기 위해 추진을 한 것이었는데 온 교수도 이러한 장점에 대하여 공감을 하였다. 당진의 발전은 여러 각도에서 보아야 한다. 지역을 개발하고 발전시키는 데는 장점과 단점이 있게 마련이다. 지역 발전은 분명히 양면성이 있다. 그러나 그 양면성 때문에 한 쪽이 무서워서 행정의 추진을 하지 못한다면 지역의 발전은 없다.

당진시청에서 토론자로 나온 팀장이 "가스공사의 정확한 자료가 공개돼야 공무원 입장에서 정책 결정에 정확한 판단을 할 수 있다. 정보의 비대칭성으로 인해 아직 선불리 결정을 못하고 있다"라고 했다. 당진시가 토론자로 팀장을 내세운 점은 아쉬움으로 남는다. 시청 직제는 시장, 부시장, 국장, 과장, 팀장, 직원 순이다. 5기지 건설은 당진에서 추진해야 되느냐 마느냐하는 중대한 결정이고 만약에 당진과 우선협상이 성사되지 않으면 2순위인 보령으로 협상권이 넘어가게 되어있다. 흐름을 보면 내년 2월까지 확정한다고 한다. 이제 두 달여밖에 남지 않았다. 이런 중요한 시기에 과장이 있고, 국장이 있고, 부시장이 있는데 팀장이 나와서 토론에 참석해야 하는 아쉬움이 컸다.

또한 가스공사에서 정확한 자료가 공개되어야 판단하겠다고 하는데 책상에 앉아서 자료를 받을 생각만 하지 말고 필드에서 뛰었으면 한다. 기존 4기지까지 있는데 현지 주민의 반응은 어떤지, 문제점이 무엇인지, 그 지역 행정기관의 의견은 어떤지, 전문가의 기술 검토는 어떤지 등등의 자료를 뛰어다니며 확보해야 한다. 가만히 앉아 있으면 누가 가져다 주겠는가? 일단 토론회는 넘어 갔지만 당진시청은 과연 무엇이 당진에 이득인지 정확히 판단을 하여 추진해 주기를 바라는 마음이다.

〈2017. 12. 25.〉

합덕성당 종 축복식

2017년 12월 31일 합덕성당에서 종 축복식이 있었다. 대전교구 유흥식 라자로 주교의 주례로 축복식이 열렸고, 유 주교는 미사에서 밀레의 만종을 이야기 하셨다. 만종의 의미는 삼종기도란다. 예수님의 강생의 신비를 기념하기 위해 아침 6시, 정오, 저녁 6시에 바치는 세 차례의 기도인데, 언제부터인가 종소리가 소음이라는 민원으로 인해 사라졌단다. 합덕성당의 경우도 종소리가 사라졌는데 합덕성당 김성태 신부께서 몇 해 전 프랑스 파리 국립 오르세미술관에 갔다가 밀레의 만종을 보고 종소리를 다시 울려야겠다는 마음을 먹고 종 축복식을 추진한 것이란다.

김성태 신부님은 만종 그림을 보는데 그 들녘이 꼭 합덕 들녘 같았고, 종소리를 잃어버린 것은 성전을 잃어버린 것이고, 종소리를 울릴 수 있는 곳에서는 다시 울릴 수 있게 해야 한다는 생각을 갖게 되었다고 한다. 그래서 고 서봉세 신부에게 부탁해 프랑스 안시에서 7대째 종을 만드는 파카르드사를 소개받아 3개의 종을 제작 신리성지에 설치했다. 그리고 또 종을 주문 제작한 뒤 합덕성당에 설치하려고 하였으나 건물 구조상 설치가 어려워 성당의 모습과 종탑의 모습을 형상화 해 종탑을 건물 밖에 설치하게 됐다고 한다.

종소리의 멜로디를 구성하고자 12개의 종이 설치됐다. 축복식

날 멜로디에 맞추어 소프라노 가수가 노래를 부르는데 종의 멜로디가 너무나 아름다웠다. 시대가 변함에 따라 12개의 종을 12명이 치기가 어렵게 돼 전자 타이머에 맞춰 종소리를 울리게 하는 듯했다. 김성태 신부님은 "앞으로 합덕성당에서는 12개의 종에서 나오는 아름다운 멜로디가 늘 함께할 것"이라고 했고, "이 종소리가 순교자의 땅 내포를 시간 속의 성전으로 만들고 성당의 가치를 더욱 드높일 것으로 기대한다."고 했다.

〈2018. 01. 02.〉

큰고니의 귀환

오봉제에 천연기념물 제201-2호인 큰고니가 찾아왔다. 큰고니는 멸종위기 동물로 지정 보호받고 있다. 오봉제 저수지는 풍부한 수초와 연근이 큰고니의 먹이로 제공되어 한 번에 약 50여 마리가 찾아온다. 2000년 초에 큰고니가 오기 시작하여 고니마을로 지정을 했는데 그 뒤로 오지 않아서 아쉬움이 컸다.

그러던 중 저수지 옆 도로를 지나다가 우연히 저수지 가운데에 커다란 하얀 새가 있는 것을 보고서, 혹시 큰고니가 아닌가 싶어 확인을 했는데 겨울의 진객 고니가 온 것이다. 큰고니는 러시아에서 번식을 하고 겨울철에 남하하여 겨울을 보낸 후 러시아로 되돌아간다. 큰고니는 세계적으로 약 18만 마리가 서식하고 있고, 우리나라에서 월동하는 수는 약 4천 마리 정도 된다.

2003년 청금리를 고니마을로 지정하였다. 시 환경과가 탐조대를 설치하고 청금리 마을회관에서 고니마을 현판식을 가졌다. 그 당시는 문화공보실에서 관광과 홍보 업무를 담당했다. 문화공보실장을 맡고 있던 나는 관광 홍보를 위해 언론을 통해 대대적으로 고니 마을에 대한 홍보를 했다. 홍보는 많이 했는데 이상한 일이 발생하여 고니가 오지 않게 되었다. 이후 고니마을은 지역에서 까맣게 잊은 일이 되었다. 전문가들의 말에 따르면 큰 고니를 쉽게 만날 수 있는 것은 지역주민들이 그 만큼 자연의 혜택을 누리고 있음을 방증하는 것이란다. 앞으로도 큰고니들이 매년 올 수 있도록 서식환경을 만들어 주어야 한다.

큰고니는 덩치가 크기 때문에 비행선이 있어야 한다. 오봉제의 큰고니 비행선은 내려앉을 때는 청금리 마을 쪽에서 신평 쪽이지만 날아오를 때는 저수지에서 신평쪽으로 날아간다. 덩치가 커서 바로 날아오를 수 없고, 내릴 때도 서서히 완만한 비행선을 그린다. 큰고니 수십 마리가 우아하고 화려한 날갯짓을 하며 춤을 추는 모습을 지켜보며 가슴이 뭉클했다.

〈2018. 01. 11.〉

그래서 당진, 그래도 당진

오성환 지음

발 행 일 | 2018년 3월 10일
지 은 이 | 오성환
발 행 인 | 李憲錫
발 행 처 | 오늘의문학사
출판등록 | 제55호(1993년 6월 23일)
주　　소 | 대전광역시 동구 삼성1동 125-6 한밭오피스텔 401호
전화번호 | (042)624-2980
팩시밀리 | (042)628-2983
카　　페 | cafe. daum.net/gljang(문학사랑 글짱들)
cafe. daum.net/art i-ma(아트 매거진)
웹 하 드 | hs2980/6242980

기획/편집 | 상록출판사
인　　쇄 | 상록인쇄사
주　　소 | 충남 당진시 천변2길 59
전화번호 | (041)355-3686
팩시밀리 | (041)353-3686
전자우편 | sr1234@hanmail.net
웹 하 드 | djsrp/3553686

공 급 처 | 한국출판협동조합
주문전화 | (070)7119-1752
팩시밀리 | (031)944-8234~6

ISBN 978-89-5669-901-1 03810
값 10,000원